菱の崩壊

六代目山口組分裂の病理と
任侠山口組の革命

木村勝美

［目次］

第三章　司忍組長引退説の深層

第四章　新宿歌舞伎町激突事件

終章　任侠山口組誕生の全内幕

はじめに

六代目山口組の捜査を担当している兵庫県警の捜査員によると、実質的な若頭の執権をふるう竹内照明若頭補佐に対して、露骨なまでにぺこぺこしている最高幹部は森尾卯太男本部長（大同会会長）、江口健治若頭補佐（二代目健心会会長）、そして高木康男若頭補佐（六代目清水一家総長）の3人で、竹内の側近三羽ガラスと、彼らは呼んでいるそうである。

その一方で役職についていないヒラの直参たちの多くは現執行部の陣容に批判的で、弘道会の一極支配を嫌って分離独立した神戸山口組について、「肚《はら》の中を明かしてみよといわれれば、わしらは神戸側と一緒……」と声をひそめて語る。

こうした大勢の直参たちの心情が、二つの山口組の対立を山一抗争の時のような、大戦争に発展させない歯止めになっている要因のひとつなのかもしれない。

不安定の中の安定とでも呼べばいいのか、この奇妙な均衡の中で六代目山口組側から組織防衛のための内部資料が流出した。執行部から直参たちに配布されたとされる同文書を入手した兵庫県警の捜査員は、文書作成の動機について、「神戸側の勢力拡大に危機感を募らせた結果だろう」とみている。

この内部資料を紹介しよう。

まず、書き出しで同文書は「神戸山口組の切り崩し手法と実例」と題して、「敵の一連の切り崩しの手法には共通点があり、マニュアルに沿って進められている」と、神戸側の示威行動の実態を分析している。

そのマニュアルの一例として、他府県に組員の応援動員をかける場合をあげている。同文書の内容を続ける。

「神戸山口組は、組員を動員する前にあらかじめ警察に連絡を入れて、もめる意思がないことを伝えている……」

かなり幅広い情報収集のうえで書かれた文書であることを感じさせる。さらに警察当局への事前連絡については、勢力が少ない神戸山口組が逮捕者を出さないためと、使用者責任を回避する策だと分析するなど鋭い指摘がある。

同文書は神戸側が全国で行った示威行動の具体例として、熊本、福岡、岡山、北陸、名古屋などの事例をあげて、次のように書く。「あらかじめ兵庫県警を通して各地元警察に対して、争いを起こすために行くのではないと説明し、(その陰で)多数の組員を移動させている」と、神戸山口組側の老獪《ろうかい》な策略を指摘している。

さらに警察当局への通報の具体的な意図は、「地元でアクシデントが起きた時、組織的に暴力行為が行われたものではないと証明するため」と「指示を出した者が逮捕されないようにするため」などと分析している。

そこで六代目山口組としての対応策をあげている。

それによると、神戸山口組側とトラブルになった現場では、「こちら側の勢力が少数に立たされても、神戸山口組側は逮捕者を出したくないのだから、引く気がまったくない意志を強く示すことが大事である」と提言している。

次いで同内部文書の内容は切り崩し対策に移る。

「警察を呼んだうえで少人数（のわが方を）不意打ちし、取り囲んで威圧をかける」と神戸側の手口を紹介し、「その後、若頭、うちの若い者が迷惑をかけてしまった。もめる気などないんだ、と神戸山口組側の組長が詫びの連絡を入れてくる。その際には、必ず食事などの誘いの言葉をかけてくる」そして、「それと同時か直後に囲んだ組の親分（例・神戸山口組の井上邦雄組長、池田孝志舎弟頭など）が囲まれた組の親分（六代目山口組直参）に直接連絡を入れ、二度とこのようなことがないようにするなどと約束したうえで、（その六代目山口組直参と）旧知の神戸山口組の直参の名前を出して、『とっても心配していた』などと伝え、心理的なゆさぶりをかけてくる」という手口をあばき、注意を促している。そして同文書は、「対策としては神戸山口組側の手口だと認識し、強い意志を持つこと。このようなことが行われていないかどうかの実情把握と報告の義務を（傘下のすべての組員に）あたえ、各直参は迅速にその内容をブロック長に届け出ること」を義務づけている。

こうした神戸側の電話攻勢を避けるため同文書では、彼らの電話番号を携帯電話から削除し、知らない番号からの電話には一切出ないようにするなど、実務的な方法を勧めている。

同文書の「引退・破門絶縁者への勧誘」の項は興味深い。内容を紹介する。

「山口組の過去の処分者の資料を毛利善長（毛利組組長）と清崎達也（四代目大門会会長）がすべて持ち出しており、それを基にして彼らは処分者への働きかけを活発化し、実行している」と明らかにしたうえで、次のように続ける。

「それらの資料を基にして経済的支援や具体的なポストをちらつかせ、処分者に『現役復帰』の勧誘を活発化させている現状を指摘し、復帰した元処分者の実名を明らかにしたうえで、その実例として同文書は、豪友会、國領屋一家、元・中野会などのケースをあげている。

神戸山口組による切り崩し工作に危機感を抱く六代目山口組執行部は、傘下の各直参には地元に重点を置き、現在も影響力を保持し続けたまま不満を抱く処分者や引退者の現状把握を急ぐようにうながしている。

この内部文書が私たちや警察当局で注目されるのは、二つの山口組の間で切り崩し工作の攻防が激化していることの裏返しともいえる。

少し時期はさかのぼるが、分裂から1ヵ月ほど経過した時期には、六代目山口組の直系組織から外部に向けて大量の書状が送付された。その書状には、神戸山口組傘下組織の幹部や組員が、六代目山口組側へ移籍した事実が記されていた。六代目山口組側の切り崩し工作が順調に進んでいることを示したものだった。

ところが平成27年11月上旬に、二代目大石組の若頭だった功龍會の前谷祐一郎会長が神戸山口組の幹事として移籍した事実が判明した。これを機に神戸山口組側が、逆に切り崩しの成果を誇示するようになったのである。

ほぼ同時期に六代目山口組幹部だった三代目熊本組の藤原健治組長の移籍が明らかとなり、六代目山口組に大きな衝撃が走った。前谷会長の件も含め、岡山が二つの山口組の切り崩し攻防の最前線であることが強烈に印象づけられた。

そして同年12月上旬には、さらなる衝撃が極道界に走る。

分裂以降、六代目山口組の総本部当番責任者に就任していた直参の、二代目古川組の古川恵一組長が、電撃的に神戸山口組に移籍した事実が明らかになったからである。

六代目山口組の若頭である髙山清司（二代目弘道会会長）の秘蔵っ子で、将来の組長と目されている竹内照明若頭補佐（三代目弘道会会長）が、各地の直系組織本部を激励行脚している最中の出来事で、古川組長自身も激励を受けたばかりだったのである。それだけに極道界にあたえたインパクトは強烈なものだった。この結果、若い竹内若頭補佐の傲慢さと指導力不足を指摘する声も、古手の直参たちからわきあがっている。もともと弘道会に対する鬱積した不満が下地にあるだけになおさらだった。

これまで見てきたように、神戸山口組側が攻勢を強めている感もあるが、こうした勢いにも盲点がある。直参が移籍しても傘下組員全員がついて行くとは限らないからだ。

例えば二代目大石組の場合。

神戸山口組の幹事に迎えられた二代目大石組若頭と行動を共にした組員は組織のごく一部だったという情報がある。

前述した三代目熊本組でも六代目側に残留した傘下の幹部は多数いるそうだ。また、神戸山口組側に現役復帰した組長の中には、配下の組員がほとんどいない組長もいるらしい。表面的には神戸山口組に勢いがあるように見えるが、内情は判然としないというのが実態だ。

この流出文書が指摘する示威行動も回数が重なるにつれ、次第に公然たる挑発行為の様相を呈してくると兵庫県警では危機感を強め、神戸山口組側の切り崩し工作の手口が、感情に訴える手法に比重を大きく移していると、次のように語る。

「神戸山口組側が、六代目山口組系組織で引退した先代の生活費を支えることを申し出て、住居まで提供した事実がある。ここまでされると先代から組織を引き継いだ現役組長は、渡世上の親の面倒を見てくれた神戸山口組側にどうしたって義理ができる。そのうえで勧誘されると心情的には断りづらくなる」と。

この文書の最後は「情報操作について」の項である。内容を続ける。

「神戸山口組はマスコミ対策やインターネット操作に重点を置き、山口組直参や末端組員までの動揺を誘っている。その代表とされるものが溝口敦(ジャーナリスト)の著書およびインターネットサイトの書き込みだ。実話系週刊誌3社は、(神戸側が)情報を流すことによって完全に敵の懐にある」

溝口敦については、六代目山口組の大幹部が別のところで、「六代目山口組は名古屋方式」とかトバシ記事ばかりを先頭きって書いている。（彼は神戸山口組側の）ジャーナリスト構成員だ、とまでいいきっている。どこまでが事実か判然としないが、六代目山口組にいわせると神戸山口組は、素人のネット部隊を雇って1行100円でガセ記事を書かせているという。

いやはや、極道組織のトップに君臨する六代目山口組を代表する大幹部が、ここまでいうか、という思いを強くする。この流出文書の最後は、次の言葉で締めくくられている。

「直参およびその枝の組長は、この（神戸側の）情報操作に乗せられることなく、この実態を細かく末端組員まで説明し、（彼らの）動揺を防ぐ必要が早急に求められている」と。

この六代目側から流出した内部文書の内容でもわかる通り、加熱する切り崩し攻防戦は両山口組にさらなる対立を呼び込む危険がある。

第一章

竹内若頭補佐VS織田若頭代行

分裂後の重圧

平成28年5月の大型連休は、比較的好調な経済環境もあって、全国各地の人出は盛りあがっていた。その分、都会はガランとしていた。

そんな中のある日の朝。

東京の北区と足立区一帯を縄張りとする神戸山口組系四代目山健組傘下東誠会の岡本政厚会長の携帯電話が鳴った。

「ゴールデンウィーク中ぐらい静かに過ごさせてくれや」

ぶつぶついいながら岡本は、テレビの前のソファから重い腰をあげた。

彼がひきいる東誠会は、四代目山健組若頭補佐の山之内健三会長をトップとする誠竜会の下部組織で、神戸山口組の4次団体ということになる。

机の上に置かれた携帯電話は、バイブレーション機能のせいで、激しく動き回っていた。彼は、急いで手にした。

「もしもし……」

発信元は公衆電話からだった。

これまで付き合いがあった六代目山口組系関係者の名前は分裂以降、アドレス帳から削除していた。

「もし、もーし」

再度、呼びかけた。

「俺だ、松本や」

なじみのある声だった。

電話をかけてきたのは、六代目山口組系六代目清水一家の統括委員長で、美秀連合会の松本秀博会長だった。彼も東京の下町を縄張りにしており、これまで双方は小競り合いを繰り広げたり、手を組んでシノギをしたりする間柄だった。

「なんの用や」

つっけんどんな言い方になった。

先日も親筋にあたる誠竜会の組員と三代目弘道会傘下の組員が口論になったのを受け、岡本は若衆を連れて応援に出向いている。そんなこともあったので、彼は身構えた。

「久しぶりの電話なんやから、もうちっと愛想よくせいや。話がでけんやないか」

「そりゃぁ、悪かったな」

ぼそっといった。

「あんたに頼みがある」

岡本は警戒心をといた。

意外とも思えるほど直截《ちょくせつ》な言い方をしたからである。

なにか大きな仕事がある。長い極道渡世で鍛えた彼の勘が、そう教える。

彼は、緊張感を覚えた。

「俺にできることなら聞こう。話してみろや」

平静さを失っていないつもりだったが、自分でもわかるほど声がうわずっていた。

「電話ではまずい……」

松本は警察関係者の盗聴を気にしている素振りをみせた。

公衆電話を使ったのも通信傍受を避ける配慮だったのかもしれないと、岡本は受け止めた。

「わかった、時間をつくろう」

2人は面談日を決めた。

この電話の翌々日の午前、彼らは足立区内のファミレスで膝をまじえた。

昨今、極道たちの面談場所は、ファミレスがしばしば使われる傾向にある。警察当局の目に触れにくいからである。

喫煙席のあるコーナーを選んだ。

家族連れや若者グループを避けるためである。

彼らはオレンジジュースを注文した。

テーブルをはさんだ向かいの松本秀博は充血した目をしていた。

顔面全体に脂汗がにじんでいる。

「情けない面《つら》をしているな」

岡本が軽口を飛ばした。

その場の雰囲気を和らげ、胸の内に抱え込んでいる話を、切り出しやすいようにするためだった。

「ここのところ、寝つけなくてなぁ」

彼は、小さく笑った。

ウェイトレスが遠ざかったのを見届けると、岡本は、

「抱え込んでいるものを話してみろや」

と、誘った。

松本が、いいにくそうなそぶりを見せていたからである。

「実はな、わしんとこの親方が苦しんどる。見ていられんほどなんや」

彼の親筋にあたる六代目山口組若頭補佐の高木康男総長（六代目清水一家）が、この分裂騒動で苦しんでいるのだという。

高木総長は、昭和23年生まれ。ヤミ金問題で有名になった五菱会会長として平成14年に五代目山口組直参に昇格、同19年に清水一家の六代目を継承した。その後は組織委員長代理に就任し、同22年に六代目山口組幹部に昇格後、組長付などを歴任し、同26年に若頭補佐に就任している。次代のホープとして嘱望されている竹内照明若頭補佐（三代目弘道会会長）に近い１人

である。

その高木若頭補佐が苦しんでいるのは、高山若頭の名代として執行部を引っ張る竹内の剛腕が、山口組分裂の元凶だとする批判の声が直系組長らの間にあるからだ。先に紹介した山口組流出文書の中でも、「このような事態を招いたのは、われわれ執行部や出て行った一部の者のせいである」と、分裂の責任の一半が、みずからにあることを告白していることからも、批判の強さが推測できるだろう。

竹内若頭補佐は、弘道会支配に対する直参たちの鬱屈した感情や不満を、過小評価していた判断ミスが、13人の離脱の原因になったと分析し、自分を責め、悩んでいた。その姿は見ていられないほどだったという証言があるほどだ。竹内若頭補佐と近い高木若頭補佐が呻吟《しんぎん》していた原因もここにある。

分裂が決定的となった平成27年8月27日に六代目山口組総本部で開かれた緊急執行部会は、離脱した直参13人の処分を決定する会合だったが、竹内は普段と違って護衛の車両3台を引き連れて総本部に入った。そのものものしい備えは、彼の緊張感が手に取るように伝わってくる一幕だった。

彼の動静が伝わってきたのは翌9月12日のことだった。この日、開催された三代目弘道会の定例会で、竹内は「向こう（神戸山口組）についた知人がいれば、一度は連絡を入れよ」と傘下組員に対して話している。早くも切り崩し工作に動きだしたと当局側ではみていた。

彼は外交面でも先頭に立っていた。

前述した三代目弘道会定例会の直後には、兄弟分である稲川会・内堀和也理事長が弘道会本部を訪問。9月15日には稲川会・清田次郎会長らが山口組総本部を訪れた際にも、他の最高幹部らとともに、竹内若頭補佐は新神戸駅に出迎えに現れた。また、同月20日には七代目合田一家と五代目浅野組（平成29年7月に六代目山口組との親戚縁組み解消）のトップ、二代目親和会の最高幹部が弘道会本部を訪問した時も、竹内の応対する姿があった。さらに、同月29日には、彼は都内の稲川会本部を高木康男若頭補佐とともに訪問。10月23日には再び都内の松葉会本部を訪れ、稲川会と松葉会の最高幹部らと会談するなど、東西を行き来する外交活動を活発化してきた。

この時期、六代目山口組は、正当性をめぐり、神戸山口組との外交戦を展開していたのである。他組織からの支持を取りつけることに竹内若頭補佐は大きく貢献していた。

彼の行動の変化が目につくようになったのは11月になってからである。

同月11日と12日の両日には大阪北・大阪南ブロックに所属する直系組織を激励するために各本部を訪問した。この1週間ほど前には、大阪ミナミで直系組織本部が神戸山口組系組員に襲撃される事態が発生した。こうしたことから訪問は、緊張を強いられる同地区の傘下組員の士気を高めるためとみられている。

これ以降、組織固めに転じた竹内若頭補佐の激励は全国に及ぶ。

同年11月中には福岡県福岡市の光安克明若頭補佐（当時）ひきいる光生会本部を訪問、数日後には兵庫県尼崎市内の二代目古川組（当時は六代目山口組系）を多数の幹部を従えて訪問した。尼崎では兵庫県警がヘリで追尾するなど、当局側の警戒が強まる中の12月8日に、安東美樹幹部がひきいる二代目竹中組を訪れる。その際、神戸山口組側が周辺で示威行動を展開した。当局やマスコミの目の前で車列をなして走行するなど、露骨な行動に出た。それは竹内若頭補佐の存在に脅威を感じたためと、多くのマスコミは受け止めている。

それは彼の経歴を見ればわかる。

平成27年4月6日に開かれた六代目山口組の定例会で竹内の若頭補佐昇格が発表された。彼は前年11月の幹部登用から5ヵ月で執行部入りを果たしたことになる。これで当時の若頭補佐は8人となり、司組長・髙山若頭派の最高幹部がもう1人増えたことになる。組長―若頭―若頭補佐という山口組の背骨を抑えた弘道会に対抗できる組織は皆無になった。

竹内照明の横顔を紹介する。

彼がひきいる弘道会は司忍六代目山口組組長が結成し、髙山清司若頭が二代目会長をつとめた。その弘道会にあって竹内は中枢を歩んできた。

彼は昭和35年生まれの57歳という男盛りだ。若い頃から地元の三重県津市で不良グループを結成していた。そうした中、地元の独立組織に勧誘されて極道の世界に入った。その後、縁があって髙山清司がひきいる髙山組に身を寄せる。当時、髙山は弘田組傘下の菱心会理事長で、その傘下に高山組を結成していたのである。

とくに竹内の名が極道社会に知られるようになったのは山一抗争の参戦だった。昭和60年1月、竹中正久四代目山口組組長が一和会の放ったヒットマンに暗殺された。同年2月、高山組幹部だった竹内らが、一和会系後藤組の若頭を拉致し、同組の後藤栄治組長の所在を聞き出すべく、名古屋のアジトに監禁した。そして、「生かして返してほしかったら、組を解散せよ」と後藤組に迫った。

この拉致事件から4日後、後藤組長は山口組に詫び状を送り、後藤組は解散した。後藤組長は一和会トップの山本広会長の出身母体である二代目山広組の若頭であり、竹中四代目暗殺の指揮者のひとりでもあった。そのため、後藤組の解散は一和会に大きな衝撃をあたえ、その後の組織崩壊へとつながった。竹内は、山口組の報復緒戦で大きな成果をあげたのである。

長期服役から帰ってきた竹内は、平成5年に弘道会傘下となった高山組の若頭に就任、平成13年には高山組内に髙照組を結成、同17年に高山組二代目を継承した。髙山清司が継いだ二代目弘道会では若頭補佐に就任、その後、若頭に昇格した。平成25年には髙山の後を継いで三代目弘道会のトップになった。

このように彼は、つねに髙山清司に付き従ってきたわけである。それだけに長幼《ちょうよう》の序《じょ》もわきまえず、年長の直参を罵倒するなど、眉をしかめさせるようなことも平然とする。人斬り刀を振りまわした高山若頭の手法とどこかダブって見える。

そんな唯我独尊《ゆいがどくそん》の竹内若頭補佐が悩んでいるというのだ。高木若頭補佐の心情がうかがい知れる。

ファミレスの店内は大型連休中ということもあってガランとしていた。

「あんたんとこの親方が苦しんでいるっていうんは分裂問題か？」

六代目山口組の内情を耳にしている岡本政厚会長（東誠会）がたずねた。

「なんか、ええ解決方法はないもんかと思うて……」

松本秀博会長（美秀連合会）は分裂問題が重荷になっていることを否定しなかった。

「末端の組員たちもサツの目が厳しくてシノギができんと泣いておる」

彼が言葉を継いだ。

「そりゃ、こっちも同じだ。組事務所に来る車のガソリン代が工面できんとこぼしている。何とかしてやりたいが、こっちもいっぱいいっぱいだしな」

山口組の分裂問題は、極道たちの経済に打撃をあたえている。それは末端に行けば行くほどボディブローのように効いているようだ。

「さっき、あんたがいった解決方法だがな、ひとつだけある……」

「なんや、それ？」

松本の目に光がさした。

「元にもどるのさ」

合併が唯一の策だと、岡本はいう。

「そんなことできるか？」

「わからん。それは、ずうっと上にいる人が考えることだからな」

「そりゃぁ、そうだ」

自分たちクラスの者にできることは、末端の組員が経済的に疲弊していること、双方が合併を求めているということの二点を、上部組織の人間に伝えることだけ、という点で彼らの意見は一致した。

「やってみるか？　俺は親方を救いたい」

松本の顔に生気がもどった。

「そっちが本気で交渉に乗り出す意思があるなら、俺もうちの親方に話してみる」

岡本が受けた。

彼は、その日のうちに親筋にあたる山之内健三若頭補佐（四代目山健組）に電話を入れ、一部始終を報告した。六代目清水一家の統括委員長が、そこまで話に乗っているなら上層部に報告する意味はあると、山之内は判断した。

彼は、四代目山健組副組長で神戸山口組若頭代行の織田絆誠に一報を入れた。

織田の判断は早い。

六代目側との交渉を承諾した。

「わしが責任をもって執行部の意見をまとめるし、高木若頭補佐とサシで交渉するから、その日時、場所を決めるように」

織田は、山之内に下交渉を始めるよう指示した。

六代目側との交渉窓口に立った山之内は、松本統括委員長と何度も話し合いを持った。交渉の入り口での混乱を避けるため、細部の調整には踏み込まなかった。彼がこだわったのは、井上邦雄神戸山口組組長（四代目山健組組長）の処遇と神戸側全直参の復帰だった。この話し合いは遅々《ちち》としたものだったが、着実に前進した。

自然発生した造反の芽

合併交渉の項は後段にゆずるとして、ここでは山口組の分裂に至るまでの経緯について報告する。

山口組情報を定期的に掲載する実話3誌の山口組番記者の耳に、信頼のおける筋から分裂の第一報が飛び込んできたのは、平成27年8月26日のことである。A誌の記者が語る。

「この日は、これまでの情報と内容が明らかに違っていた。それまでは割って出る側の噂が先行していたのに、急に六代目側の動きをめぐるマブな情報が増加してきたのです」

B誌担当記者の証言。

「同日午後になると、弘道会が緊急会合を開いたという話が飛び込んできました。事実でした」

そして、C誌担当記者の話。

「割って出る親分がひきいる組織に属する総本部詰めの若衆が、私物をまとめて出て行ったという新情報が入ってきましたね」

さらに六代目山口組の緊迫の度合いが増していく。同日夜になって、翌27日に総本部で緊急執行部会が開かれることが判明したのである。

この分裂の噂が最初に耳に入ったのは、8月20日のことであったと、A誌の番記者は語る。当初は次のようなものであった。

「総本部の名古屋移転をめぐり、執行部内で意見の対立が起こり、反対した親分たちが六代目山口組を離脱し、新組織設立を示唆している」というものであった。

8月の夏季休暇期間に入ってから、この噂は盛んにささやかれていることが確認できたという。番記者は続ける。

「離脱する親分たちの実名も語られていました。なにより誌面化をためらわせたのは、筋を重んじる司忍六代目が山口組発祥の地である神戸を離れることを承認するとは思えなかったからです」と。

実話誌の記者たちを尻目に、最初に分裂情報をキャッチしたのは大阪府警である。全国紙社会部記者が、次のように証言する。

「分裂のきざしを最初につかんだのは大阪府警で、分裂決定の1ヵ月以上前になる7月20日時点で、府警本部長に報告をあげています。兵庫県警は、分裂直後の8月27日午前中には井上邦雄組長、正木年男総本部長、池田孝志舎弟頭らと接触し、離脱に至る経緯や今後の方針などを聴取していますね。今回、敵役に回った弘道会の本拠地を管内に持つ愛知県警だけは音なしの構えですよ」

たんなるヨタ話とみられた情報が事実である可能性が高まったと、実話誌の山口組番記者らは色めきだった。山口組が、緊急執行部会を開くことを決定したからである。同執行部会が開かれるからには、処分を決定することは明らかだったからだ。

翌27日、神戸・篠原本町の総本部前には兵庫県警や大阪府警の捜査員、テレビ局のカメラクルーと全国紙の記者も多数、つめかけていた。

午前8時の時点で総本部のガレージには森尾卯太男若頭補佐の車両が駐車されていた。30分後、江口健治若頭補佐、藤井英治若頭補佐、光安克明若頭補佐、大原宏延総本部長（平成29年5月死去）、高木康男若頭補佐、少し遅れて竹内照明若頭補佐、橋本弘文統括委員長、青山千尋若頭補佐が次々と姿を見せた。

やはり、緊急執行部会に入江禎舎弟頭と井上邦雄若頭補佐の姿がない。先の離脱を示唆した親分として実名がささやかれていた2人である。

最高幹部2人の処分は確定的となっていく。そして、午前11時すぎ、橋本統括委員長と大原総本部長は、執行部会で決定した処分案の承認を得るため、名古屋の本家に滞在する司六代目の元にあわただしく向かった。

噂にあがった人数などを勘案すると、大量の処分者が出ることが予想された。憶測が飛び交う中、地元紙が「傘下20数団体が新組織を模索」との一報を打った。

しかし、そうした報道を打ち消すように、即座に山口組は重大な決定を全国の直参組織や他団体に通知した。

その通達は13人の直系組長が一斉に処分されたというものだった。内訳も最高幹部5人が最も重い処分である絶縁、幹部を含む直参8人が破門という衝撃的な内容であった。

絶縁されたのは入江禎舎弟頭、井上邦雄若頭補佐、寺岡修六代目舎弟、正木年男六代目舎弟、池田孝志六代目舎弟の5人。現役の執行部メンバーと六代目体制で執行部を経験した最高幹部らだ。そして、破門になったのは毛利善長幹部、岡本久男幹部、剣政和幹部、奥浦清司・奥浦組組長、髙橋久雄・雄成会会長、宮下和美・二代目西脇組組長、清崎達也・大志会会長、池田幸治・四代目真鍋組組長だった。

処分の理由は、直参による執行部とその組織運営への造反の動きであったという。山口組ウォッチャーが解説する。

「これほどの厳罰となったのは、夏季休暇中を狙って総本部を名古屋に移すというデマを流して、その裏で造反の画策を進めた。責任ある立場の者たちが、自分たちの盃を否定しておきながら、若い衆には新組織の盃を押しつけた。身勝手で大義のない行動だ、という理由ですよ」と。

また、六代目側では、処分者がひきいる組織の組員で山口組に残りたい者は受け入れる方針や、親戚友好団体とも新組織とは関係を断って、山口組と付き合いを続けることが確認されているそうだ。

別の山口組ウォッチャーが、こんなことを証言する。

「親戚友好団体の中には、山口組との付き合いをためらう組織もありますから、当分の間、六代目側と離脱派との熾烈な駆け引きが続きますね」と。

六代目山口組の処分方針が発表される前日の午後、離脱組は、神戸市内の四代目山健組関連施設で会合を開き、組織名を神戸山口組とすることを決定、これまで通り菱の代紋を使用することを決めた。この後、新組織の組長となった井上邦雄四代目山健組組長らは、兵庫県警に新組織の設立を届け出た。この結果、二つの山口組が並立することになったのである。なお、彼らが正式に神戸山口組の発足式をあげたのは9月5日である。同日、「御挨拶」と題する文書を業界各団体に配布した。その中で「六代目親分は表面のみの温故知新で、中身は利己主義はなはだしく、三代目親分を冒涜する行為多々あり」と痛烈に批判している。

参考までに、兵庫県警がまとめた神戸山口組の組織図（平成27年11月7日現在、幹事は現在廃止）を紹介する。

組長　井上邦雄（四代目山健組）
副組長　入江禎（二代目宅見組）
若頭　寺岡修（俠友会）
顧問　奥浦清司（奥浦組）
舎弟頭　池田孝志（池田組）
総本部長　正木年男（正木組）
本部長　毛利善長（毛利組）
若頭代行　織田絆誠（四代目山健組）
舎弟　岡本久男（二代目松下組）
同　宮下和美（二代目西脇組）
同　安岡俊蔵（誠会）
同　竹森竜治（四代目澄田会）
同　須ノ内祥吾（二代目東生会）
若頭補佐　剣政和（二代目黒誠会）
若中　藤田恭道（二代目英組）
同　髙橋久雄（雄成会）
同　清崎達也（四代目大門会）

同　　池田幸治（四代目真鍋組）

幹事　　平良辰雄（奥浦組若頭）、薮内秀宝（俠友会若頭）、高木昇（池田組若頭）、竹内匡史（正木組若頭代行）、安東哲（毛利組副組長）、中島俊明（二代目松下組舎弟頭補佐）、岡田豊（二代目西脇組舎弟頭）、神田清正（二代目黒誠会若頭）、北山智紀（雄成会若頭代行）、辻田尚樹（四代目大門会若頭）、幅多潤也（四代目真鍋組若頭）、本田小政（不明）、大下秀夫（四代目山健組若中相談役）、金村修治（俠友会舎弟頭）、前川勝優（奥浦組舎弟頭補佐）、酒井康夫（四代目山健組舎弟）、菅原秀雄（奥浦組本部長）、井上憲生（俠友会舎弟）、永井幹人（正木組本部長）、福原辰広（四代目山健組舎弟）、元満志郎（四代目山健組舎弟）、前谷裕一郎（池田組副組長）

今回の騒動はわずか48時間の間に事態が表面化し、一気に緊迫の度合いが強まった。そのためインパクトの大きさは昭和59年の一和会の結成、山口組を二分した騒動を凌駕する分裂劇である。

その分裂の原因として弘道会一極支配への反発があげられている。

弘道会は司六代目が旗揚げした山口組2次団体で、二代目を高山清司若頭がつとめ、現在の三代目弘道会会長は竹内照明若頭補佐に継がれている。この陣容が、今後も当代が弘道会から排出され続けるのではとの類推《るいすい》を生む要因だ。名古屋は弘道会の本拠地であり、離脱者側が総本部移転反対を唱えたとするなら決起ともとれるだろう。いうまでもないことだが、六代目山口組にとっては造反でしかないのも、また事実である。

いったい、水面下で何が起きていたのか。

関係者の話を総合すると、関西を中心にした直参たちの造反の芽は、昨年6月頃に吹き出した。ちょうど髙山若頭が4000万円恐喝事件の共犯に問われた事件で収監された時期と重なる。

髙山若頭といえば、襲名直後に司六代目が服役による社会不在が想定されていたため、トップと同じ組織からナンバー2の若頭へ抜擢された人物だ。そして、当代不在中の多くの難局を乗り切ることができたのも、彼の辣腕《らつわん》があったればこそでもある。

だが、髙山が指揮する厳格な組織統制への反発が、長い時間をかけて自然発生的に広がっていったのは確かだろう。

シマが隣接する関西の直参たちが、数人単位で食事をする習慣は以前からあった。山口組ウォッチャーが、こう語る。

「それは内部抗争の火ダネとなるシノギでのバッティングを避けるためでもあり、いわば山口組組員として襟を正すことが目的だったのです。こうした食事会では、本家の組織運営についての意見も出ることがあったそうです」

いつしか処分された寺岡六代目舎弟と剣幹部が頻繁に同席するようになる。先の山口組ウォッチャーの証言を続ける。

「食事会が30人規模に大きくなると、いつしか組織運営を弘道会が牛耳ることへの賛否が話されることが多くなったそうです。それが髙山若頭の社会不在中の造反へと収斂《しゅうれん》していった」

離脱理由の柱のひとつである総本部の名古屋移転だが、あやふやな流言でもヨタ話でもなく、具体的に検討されていたという証言もある。別の山口組ウォッチャーが、次のように明かす。

「執行部内の弘道会派とみられる幹部たちが、この問題について話し合っていたというのは事実でしょうね。総本部の建物を名古屋に建てるという件は、いまのご時世を考えれば可能性はゼロに近い。そんなことは誰でもわかっている。だから、総本部の機能、つまりソフト面を弘道会本部内に移すということなんです。たとえば、現在の山口組直参の頭数からみて、十分に定例会を開けるスペースがありますから……」

総本部機能が名古屋に移れば、すでに本家機能が移転しているわけだから、名実ともに六代目山口組の本拠地は弘道会にということになる。前出の証言からは、弘道会の狙いが透けて見えてくる。

分裂の元凶

平成20年10月に起きた後藤忠政・後藤組組長の絶縁処分に端を発する直参大量処分問題に関

する連判状には、今回の分裂騒動につながる様々な問題が記されている。同月17日付朝日新聞（大阪版）は、「山口組が『舎弟』絶縁へ」との見出しで、次のように報じている。

「指定暴力団山口組の執行部から除名処分を受けた傘下の有力組織・後藤組（静岡県富士宮市）の後藤忠政（本名・忠正）が、16日、永久追放となる『絶縁』を言い渡されたことが捜査当局への取材でわかった。後藤組長や一連の処分に不満を持った複数の直系組長が執行部を批判する動きがあるとして、捜査当局は抗争に発展するおそれがないか警戒を強めている。

捜査当局によると、後藤組長は山口組の幹部職『舎弟』についており、このクラスの幹部が絶縁を告げられるのは異例。後藤組の勢力は準構成員を含めて約1000人とみられている。

これまでの調べでは、山口組執行部は、誕生日に有名歌手を招いて開いたゴルフコンペなどをめぐって後藤組長を除籍処分にした。後藤組長がこれに不満を訴えたことから、執行部は『意向に従わない』として16日に絶縁を言い渡した。

これに対して直系組長10数人が執行部を批判し、連名の文書を配布したことを捜査当局は確認している。文書には処分への疑問や上納金が高額になったことへの反発などが書かれているという。

こうした執行部批判が表面化するのは珍しく、捜査当局は不満を持つ組長らが山口組から脱退し、対立抗争などの動きにつながらないか警戒している。一方、これらの組長の一部が批判を撤回したとの情報もあり、捜査当局は動静を注視している」

朝日新聞が報じた連判状のコピーが手元にある。神戸山口組が蜂起《ほっき》した理由のひとつともなった厳しいカネ集めの問題を取り出して報告する。

この連判状は、書き出しから衝撃的である。

「六代目山口組として船出して以来、親分不在故に、数々の悪政に耐え、今日に至ったが、この度、後藤の叔父貴への執行部の対処に我々は断固、抗議する……」

この後、連判状は後藤組長の処分に対する抗議を述べた後で、次のように執行部批判を展開する。

「(執行部は) 原点回帰を唱え、六代目山口組の根本姿勢としているが、実際はまったく時流に逆行した運営をしているではないか。長引く不況の時、五代目時代の会費 (65万円　筆者注) に比べ35万円も増えている。バブル全盛時代でさえ今の会費より少額で充分維持運営していたではないか……」

そして、こう続ける。

「その上に雑貨屋のごとき飲料水、雑貨の購入、これは強制購入ではないか。我々は雑貨屋のおやじではない。最終的には我々の (配下の) 組員が極道としての誇りを傷つけながら、恥を忍んで売り歩いているのだ。その収益は何としているのか……」

この雑貨の売りつけは〝名古屋方式〟と呼ばれるように、もともとは弘道会が組員の互助目的で行っていたものを、髙山若頭が山口組に移植したのである。石鹸、歯磨きチューブ、ペットボトル入り飲料水などの販売会社は、髙山の知己で、弘道会系企業舎弟であるアトレジャパン社である。ボールペンやプリンター用紙といったこれらの物品購入は強制的ではないが、だいたい、直系組長1人の月の購入額は100万円ほどで、中には月額1000万円も購入する直参がいたそうである。

これらの物品購入は強制的ではないと書いたが、山口組ウォッチャーは、次のように証言する。

「直参に対して髙山若頭は、『お前の組は組員が50人いるのだから、1人頭1万円として月額50万円ぐらいは購入できるんじゃないか』と、プレッシャーをかけてくるんだそうです。また、彼に逆らえば怖いからほとんどの直参たちは、渋々ながら従います、だから、強制的といえなくもないですね」と。

連判状の内容を続ける。

「五代目時代、山口組会館を建設するとして100人の直系組長から2000万円ずつ、合計20億円が集められ、用地を購入した。六代目体制になってからその土地は売却されたが、そのカネはどうなったのか。書類を提示した上、説明してもらいたい。（中略）五代目時代に貯蓄してきた約10億円はどうなっているのか。すでに消失したという噂も聞くが、納得のいく説明を求める……」

あくまでも警察サイドから流された情報だが、こうして集めたカネは、必要経費だけ総本部に残して、あとは弘道会に運び込んでいるのだという。山口組は弘道会の下請け機関と揶揄される所以である。

細かいことをいうようでなんだけどと前置きして、山口組取材30年の古参ウォッチャーが、次のように証言する。

「五代目時代まで本家の部屋住み若衆には、月給として20万円ほどをわたしていました。しかし、六代目時代になると、部屋住みはヤクザ修行にきているんだから5万円でええといってダウンさせられたんです……」

みみっちい話を続ける。

「それまで部屋住み若衆たちは店屋物を取って食事をしていましたが、それが禁止になり、代わって備えつけの即席めんや、カレー、うどんを作って食べるようになりました。名古屋方式だからカネは取られますよ。カレー500円、うどん300円というようにね」

これが天下の山口組かとイヤになるが、前出ウォッチャーの話を続ける。

「六代目時代になると舎弟クラスにも本部当番制が取られるようになりました。どの舎弟も当番の時は2人の若衆を連れてきます。この3人分のシーツ代や枕カバー代を徴収するんです。私が聞いたところではシーツの1枚の洗濯代が1600円、枕カバー代は300円だったかな」

これまでの説明で分かるように、弘道会方式というのは、じつにカネにシビアなシステムなのである。

六代目山口組の支柱である弘道会にとって四代目山健組は、獅《し》子《し》身中《しんちゅう》の虫なのかもしれない。そのいじめ方が尋常ではなかった。

平成22年10月6日、大阪府警は大阪市西成区萩之茶屋の通称「ドーム」と呼ばれる賭博場を一斉捜索した。この賭博場は、競輪や競艇のノミ行為を行うヤミ券売り場で、マンションなど3棟の1階部分を連結した部屋には、300人前後の客が収容できるほどのスペースである。

このドームには約300台のモニターが設置されていて、競輪、競艇が生中継されていた。この捜索で店長など7人と賭け客3人をモーターボート競走法と自転車競技法の違反容疑で逮捕した。他の客約80人を任意同行して事情を聴き、売上金約350万円を押収した。さらに翌日には、現場見張り役の責任者だった山口組系二代目弘道会傘下の組幹部ら4人を同容疑で逮捕した。

このヤミ券売り場は日本最大級で、二代目弘道会の中で関西の最大勢力といわれる米川組の幹部が実質的所有者だという。

この米川組が拠点とする西成地区は、少し前まで四代目山健組傘下健竜会の最高顧問で、三島敬一組長がひきいる三島組の縄張りだった。

三島組長は、渡辺芳則五代目山口組組長や中野太郎（元・五代目山口組若頭補佐、中野会会長）と兄弟分だったといわれる大物で、かねてから、「自分と髙山とでは比べものにならん。あいつとは極道キャリアも実力も違いすぎるんやから」とうそぶき、日頃から髙山若頭に一言もいえない執行部を批判していたほどの豪傑だった。

平成18年、その三島組長が山健組を絶縁処分になった。陰で糸を引いていたのが髙山若頭だったといわれている。旧竹中組のH元組員が、次のように解説する。

「長らく西成を牛耳っていたのは三島組です。彼らが持つ利権は、覚せい剤や賭博を中心に相当なものでした。それに目をつけたのが髙山若頭です。西成には弘道会大阪統括責任者の米川組があるから、ここに三島組のシマを吸収させるという西成制覇のシナリオができたわけです。そして、三島組の上部組織である山健組の健竜会会長を動かして、三島組長のクビをはねる行動を起こしたわけです。三島組の組織力は4次団体ながら絶大でした。弘道会に牙をむける唯一の組織は三島組だと、大阪府警が期待していたほどなんですから……」

さらに、H元組員は続ける。

「これまでの山口組は三島組を別格扱いしてきました。その一例として他組織が破門、絶縁した者をひろうことは厳禁でしたが、この三島組は破門・絶縁された者の駆け込み寺のような存在でした。なぜか、総本部からクレームがつきませんでした。暗黙の了解みたいなものがあったのです。直系組長でさえ三島組長の顔色をうかがうようなところがありました……」

しかし、髙山若頭は大ナタをふるった。

「西成の利権を米川組に継がせ、大阪での弘道会の基盤を盤石なものにすることと、山健組の勢力を割く目的からです」（前出のH元組員証言）

絶縁後、三島敬一組長は郷里の熊本にもどり「三友会」という組織を立ち上げ、絶大な存在感を示していたが、今回の山口組分裂後に四代目山健組傘下の組織に最高顧問として復帰した。彼の視線は名古屋に向けられている。

また、髙山清司若頭の人斬り包丁がふられた。

府中刑務所で司六代目が拘禁病に苦しんでいる頃、二代目弘道会の地元で不穏な動きが目立つようになった。四代目山健組傘下の五代目多三郎一家の組員が、拳銃を携行しながら、威嚇的に弘道会事務所近くに姿を見せるようになったばかりか、周辺を車で巡回する様子が、しばしば見られるようになったのである。

この情報は、ただちに山口組総本部につめている髙山若頭に知らされた。彼は、苦虫を噛みつぶしたように顔をしかめ、「またか」とつぶやいた。

またかと彼がいったのは、多三郎一家の後藤一男総長が、「司を殺す」「髙山をぶっ殺す」と悪しざまにのしっているテープを入手していたことがあったからである。

山健組をしぼりあげるチャンスと見た髙山若頭は、総本部内で井上邦雄若頭補佐（四代目山健組）を呼び止めると、「名古屋の件、なんとかせいや」と難詰《なんきつ》した。

こんな経緯があった後の平成19年5月31日夕方、後藤総長は新神戸駅に近い神戸市中央区の路上で、同行者の多三郎一家福富組の大滝良友幹部と口論になった。その直後、大滝幹部が後藤総長の胸と腹を何度も匕首《あいくち》で刺して逃走した。

もう1人の同行者である同組の中西真一幹部が呼んだ救急車で後藤総長は、近くの病院へ収容されたが、間もなく死亡が確認された。

ここまでの展開だと多三郎一家内の抗争事件のようにもみえるが、実際は大きく違った。

この事件から2ヵ月後の同年7月31日正午頃、名古屋市昭和区内の駐車場に停車していた乗用車内で、後藤総長を刺殺した大滝幹部が左胸から血を流して死んでいるのが発見された。彼はシートベルトをしたまま運転席に座った状態で死亡していた。助手席側には拳銃が落ちていた。

このすぐ後で多三郎一家事件は、東京に飛び火する。

名古屋の駐車場で大滝幹部が死体で発見されてから2ヵ月半後の同年10月14日昼近く、東京・台東区のアメ横近くの路上で、多三郎一家福富組の中西真一元幹部が、2、3人の男に襲われ銃弾3発を浴びて搬送先の病院で2時間後に死亡した。彼は、多三郎一家の後藤一男総長が、新神戸駅近くの路上で、同組の大滝幹部に刺された際に病院へ搬送した男である。

襲撃犯はタクシーに乗って逃走した。

警視庁・上野署は、愛知県警と協力して捜査を進めた。

その結果、犯行は四代目山健組内部の組織的なものであることが判明した。実行犯に続き山健組傘下健國会の川田賢一若頭が逮捕され、続いて山健組の山本国春若頭（健國会会長・引退）も逮捕された。この3事件に関与した逮捕者は、健國会の幹部と組員12人で、殺人と殺人ほう助罪で起訴された。裁判は長期化し、川田賢一健國会若頭が懲役19年、山本国春山健組若頭が懲役20年の判決となった。

なぜ、後藤総長は、司六代目や髙山若頭を「ぶっ殺す」といきり立っていたのか。多三郎一家殺人事件の真相を解くカギは、ここにある。この事件の奥には、巨大なスキャンダルがひそんでいる。機会をみて報告したいと思っている。

平成24年12月1日、渡辺五代目が逝去した。

渡辺五代目の通夜は、同月4日に神戸市内の斎場で執り行われ、兵庫県警の警備担当者や捜査員ら120人が警戒する中、前年4月に府中刑務所を出所した司六代目と直系組長、それに引退した五代目時代の直参らが参列した。この通夜と葬儀を仕切ったのは当時、若頭補佐だった井上邦雄四代目山健組組長である。

山健組組員らの神経を逆なでする〝万歳事件〟が起きたのは、その9日後の12月13日である。山口組ウォッチャーが、次のように証言する。

「五代目が亡くなって、まだ半月もたっていない当日、六代目山口組は、恒例の『事始め』を開いたんです。その席で紋付き袴姿の六代目は、大きな鯛を用意させて杯事をした後、万歳三唱をしたんですよ。自分が盃をもらった親分が死んだ直後だというのに、バンザーイ、バンザーイはないでしょう……」

四代目山健組直参のH組員は顔面を引きつらせて、こういう。

「まだ喪中なんだから、祝い事は取りやめて、納会に代えて黙とうをするぐらいの配慮はできなかったんだろうか。これでうちの親分は完全に切れました」と。

この2週間後の12月28日、六代目山口組は年末恒例の餅つき大会を総本部の敷地内で行った。前出の山口組ウォッチャーの証言。

「私も取材で顔を出しました。先代が亡くなったばかりという雰囲気じゃなかったですね。友好関係にあるテキヤを招いて、わっしょい、わっしょいと紅白の餅をついて、参加者に振舞ってましたよ。きれいどころのコンパニオンも大勢きて、そりゃぁ賑やかなものでした」

翌25年元旦には、司六代目を中心に最高幹部らが神戸護国神社に初詣をしている。その後の食事会には、大勢のコンパニオンが参加して、飲めや歌えのどんちゃん騒ぎが繰り広げられた。その光景は、五代目の死去を祝っているかのようだったという。

同年には司六代目がしょっちゅう口にする先人顕彰とは真逆のことが起こった。いわゆる仏壇不要論である。四代目山健組直参のH組員が、あきれ顔で証言する。

「当時、総本部事務局長だった毛利の叔父貴（善長・神戸山口組本部長）に向かって六代目は、『これ、もういらんやろ。処分しろや』と歴代組長の位牌が納まっている仏壇を指さして、いったそうです。毛利の叔父貴が、うちの親分にいったんだから間違いのない話です」と。

司六代目の人間的資質が問われる極めつけの話が、もうひとつある。天皇ご夫妻による阪神淡路大震災20周年追悼式典へのご臨席と兵庫県下の巡幸に関してである。H組員の証言を続ける。

「天皇ご夫妻が、大震災の追悼式典参加と地方視察のため（平成27年）1月16、17日の両日に兵庫県下を巡幸すると、宮内庁から発表されたのを受けて、うちの親分が司組長に『行動を自粛するよう組員にFAXしましょうか』と相談をしました。すると六代目は、『わしらにはあまり関係ないわ』と、ひどく冷淡というか、けんもほろろな態度だったそうです」

井上邦雄組長を離脱に踏み切らせたもうひとつの理由は、竹内照明若頭補佐が、山健組の組織に手を突っ込んだことにある。山口組ウォッチャーが証言する。

「こっちは（弘道会傘下の）司興業を直参にあげるから、そっちはK会を直参に推薦してくれやと、同会との下工作を終えた竹内若頭補佐が井上組長に強談判をしたんですよ。井上組長が激怒しました。『俺の組に手を突っ込む気か。昨日今日直参になった分際で、余計なことをいうな』とね。竹内若頭補佐は、井上組長に食ってかかったそうですわ」

これと似たケースが二代目宅見組の入江禎組長と竹内若頭補佐のやりとりだ。前出の山口組ウォッチャーが、次のように明かす。

「二代目宅見組の本部事務所は大阪ミナミの繁華街にあります。この事務所の名義で執行部内でもめていたという話がありました。名古屋方式では、組事務所は菱の代紋のおかげで所有できたのだから、組長個人のものにすることは許していません。実際に二代目川内組のN組長が引退を申し出ていたのですが、事務所の名義を息子に移したことで破門にされた。これと同じことを竹内は、二代目宅見組に仕掛けたのです。当然、入江組長は、猛反発をしたそうです」

同ウォッチャーは、続けていう。

「分裂原因の取材を進めていくと、どんな情報も竹内に行きつきます。どこぞで竹内が、こう話していたとか、彼の取り巻きが、誰それを挑発したとか、情報の真贋は不明ながらもね。竹内は、態度がでかい。必要以上に気負いがある。『俺がやらねば』といった想いにかられている。今回の分裂の元凶は、竹内だろうと思うね」と。

六代目山口組が唱える正当性

この項では六代目山口組側の主張を取りあげる。

「六代目山口組の直系組長4人が初めて明かす裏切りの内情」というキャッチ・コピーで週刊新潮（平成27年10月1日号）が掲載した同組の「激白」記事を引用させていただく。

「メディアは今回の件を分裂と書くし、一般の方から見ても分裂に見えるんかもしれへんけど、実は分裂でも何でもない。単なる謀反で、謀反を起こしたモンが絶縁や破門処分になっただけです。徒党を組んで神戸山口組を名乗り、菱の代紋を勝手に使っとるようやけど、そんなことこっちは認めておらんし、いわば似非《えせ》山口組やな。一和会の騒動とは違うんですわ。あの時は、四代目の親分の盃を飲むの嫌や言うて出て行った。これは分裂ですねん。新しい親分に付いていけへん、言うて出て行ったわけやから。今回は司の親分の盃飲んだモンが、その盃を返すとなくほったらかしにして出て行っとるんやから、これ、謀反ですやんか。しかも、これは逆縁と言うて、我々の世界では犯罪。犯罪の中でも、万死に値するんです……」

　同誌のインタビュー記事は、これまでに何度も聞かされてきた六代目山口組の大義から始まった。

「我々の世界の根本に何があるかというと、盃事なんです。汚い世界のたった一つキレイなところ、と言うてもええかもしれません。今回、彼らは我々の世界の根本にあるルールを破った。その時点で、向こうに百に一つの言い分があったとしても、それは通らない、ということなんです。

　山口組を含め、この業界では一切の権利、一切の縄張りは親分のモン。先代と代替わりした時には、先代のカマドの灰まで当代のモンなんです。山口組の親分はええモンも悪いモンも全部引き継ぐ。その親分に白い物を黒や言われても、それは認める言うて我々、盃飲んどるです。そんな大事な盃をほったらかしにして出るなんて、絶対にやってはならん。彼らには山口組を名乗る資格はない……」

　盃をほったらかしにして組を出るケースなんて、これまで枚挙のいとまもないほど山口組にはある。何をいまさら、という気がしないでもない。インタビュー記事を続ける。

「しかも、彼らの中核、中心人物は今の体制を推し進めてきた人間ですよ。例えば、総本部長やってた入江さん。彼、まともなことを言うてましたよ。お前の若い衆は、お前のモンやないんやぞ、と。そう言うとった張本人が今回みたいなことしてますねん。前出てきてきちんと説明してもらわんと。

方向性が違うと考えたならば、なぜ彼らは中にあって改革しなかったんですか？　一回でも彼らが切腹する覚悟で親分に諫言しましたか？　それが出来ない言うて、オレもう知らんわ言うて、徒党組んで出て、これが通ると思います？　そら無理でしょう。中で何もせずに、逆縁を犯してまで勝手に出たというのは、許されないことです……」

神戸山口組が業界の各団体に配布した「御挨拶」なる文書の内容について、インタビュー記事は、次のように書く。

「我々からしたら、あんなわけのわからん回状出して、我々の親分に対する思いを逆なでしとる。あれ、全国の山口組以外のモンが見たら〝ああ、この程度か。山口組の執行部におったもんの考えってこの程度か〟と思うやろうし、我々も恥ずかしいし、カーッともくる。でも、それで鉄砲でも持ち出したら、一発で特定抗争指定暴力団に指定され、全国の事務所は閉鎖ですわ。向こうはそれを狙っとる。あるいは、そういうことを見越して、彼らは出て行ったんでしょう、今回。

だから、向こうの挑発に山口組は一切関わるな、との通達が徹底されとる。窓ガラス撃たれたら、窓ガラス代えたらしまいですやんか、と。マスコミは鉄砲をバンバン撃つんじゃないかと煽りますが、そんなことは起こらへんのです。ピストル撃っただけで10年、人に当たったら20年、相手が死んでもうたら無期ぶちこまれるんでっせ。後、誰が面倒見てくれるゆうんですか。大阪のミナミが危ない、なんてマスコミは嬉しそうに書きますけど、出て行った側ときっちり棲み分けができてますから、抗争になりようがない。また、組の電話はあけたままにしてある。〝若い子が相談にきたら聞いてあげて〟というのが親分の考え方です」

神戸山口組側の情報戦に舌を巻く六代目山口組の直系組長。インタビュー記事は、次のように続く。

「歯がゆいのは、向こうに情報のコントロールをうまくやられてしまったことやね。出て行った正木さん（年男・神戸山口組総本部長）いうのが元々広報担当やっとったし、喋りもうまい。彼だけやのうて、警察通じても向こう側からの情報も出され、あることないこと書かれた。今、いろんな雑誌読んだら司の親分のこと、すごい悪いように思うわな。

彼らは、逆縁というやってはいけないことをやって出て行った。必死に情報を出さなアカン。自分らを正当化させ、アカン立場やというのがよう分かっとるんでしょう。また、彼らとしては何か出ていく大義を作らなアカン。それで、司の親分が山口組の総本部を名古屋に移そうとしていた、なんていう作り話をするわけです。こんなんわざわざ否定するのもアホらしいようなありえへん話です。司の親分は一回もそんな計画を口に出したことはないし、そんな考えが頭をよぎったこともないでしょう。だいたい、今は暴力団排除条例とかのせいで、近所に学校がある場所には暴力団の事務所を置けんのです。だから、弘道会の本部に山口組の本部を移転するなんて、そもそも無理なんや。出て行った彼らもそれは分かっているのにペラペラそういうウソを言いふらすんですわ。彼らが新しい組織の事務所を淡路島の俠友会の事務所に置こうとしているのは、その周辺に条例にひっかかりそうな施設がないからです……」

ここから、後藤組問題の関連で流出した、連判状にあったカネや雑貨販売の話に入っていく。

「出て行った人らは、司の親分のことを〝カネ、カネ、カネ〟の金にがめつい人間のように仕立てあげたいようやけど、これも全然違います。我々直系組織が支払う会費は、１００万円前後です。まず、これらは山口組を運営するために必要な金であって、司の親分の懐を豊かにするためのものじゃないのは言うまでもありません。

出て行った人らは、この会費の額が高いと言っとるようやが、山健組は山口組本体より高い金額の会費を集めています。同じように宅見組も高い会費を取ってますよ。

こちら側は〝カネ、カネ、カネ〟の守銭奴《しゅせんど》みたいな言い方をされていますが、司の親分の体制になってから、引退する親分に元々は１億円の餞別《せんべつ》を払っとったんです。直系組長が１００万円くらいずつ分担拠出するのはその時ですわ。ただ、親分の引退が相次いで、その１億円がなかなか支払えなくなり、金額は５０００万円になり、ついには２０００万円になってしまいましたが……。

ミネラルウォーターや日用雑貨を月額50万円以上、強制的に売りつけている、というのもウソですわ。水、買うてるのは事実やけど、組員の数に応じて、せいぜい月に5万円分から20万円分くらい。組員が100人超えるとこで20万円てとこやろ。

水の事業をやっとるのは、神戸市にある『アトレジャパン』という会社で、元々、これを作ったのは今回、出て行った中の1人です。この会社は、我々が『会館』と呼ぶ葬祭場を持っているんやけど、毎月思うたように葬儀もないし、組葬もできない。それでも維持費はいるし、社員の給料も固定資産税も払わなアカン。それで始めたのが、組員に水とか雑貨を売る事業ですわ……」

ここまで通り一遍の説明をした後、返す刀で神戸側を斬りつける。インタビュー記事を続ける。

「そもそも、出て行った彼らは、組員に水を売りつけてなんやとか言うとるけど、山健組は自分とこで水作って自分とこの組員に売ってますからね。どの口が言うねん、ということです。何度も言うようやけど、山口組本部の名古屋移転の話なんてあらへんし、司の親分が金にめついなんてこともない。それから水の話も今回の謀反には関係ないんです……」

分裂の兆候はつかんでいたそうである。それでも、離脱の動きを阻めなかったところに六代目山口組の苦悩がある。インタビュー記事を続ける。

「今回の件でヨーイドンから謀議《ぼうぎ》しとったんは、井上さん、正木さん、池田さん（孝志・神戸山口組舎弟頭）の3人やろう。寺岡さん（修・神戸山口組若頭）は舎弟になってからこの3人に加わり、そこへ入江さんも入っていった。

異変の兆候はあったんです。舎弟さんにも総本部の当番があるんです。水曜日に。当番といっても、2階の応接間でテレビ見てタバコ吸うとるだけですけどね。最初はそれぞれ1人で来とったんですが、池田さんが来るときに正木さんが来る。正木さんが来るときに寺岡さんが来る……。入江さんや井上さんがそこに顔を出すこともあった。みんなでチンチンになって（熱くなって）たんですわ。

そうやってずっと燻《くすぶ》っとったわけやけど、まず8月12日、山健と別の組が20団体ほど連れて出るという怪文書が回っとるという情報が流れた。このときはいったん、ガセネタと判断したんやけど、21日にはもっとはっきり名前が分かってきた。で、26日に〝27日に緊急執行部会をやる〟と言うたら、井上さんと入江さんが、行きませんと伝えてきたんや。そんなこともあって、27日に向こうは慌てて盃しよったんですわ」

そして、弘道会による人事の独占には反論する。インタビュー記事を続ける。

「出て行ったモンは確かに悪い。でも、彼らを追い詰めたことは我々も考えて反省しなければならない。

しかし、出て行った彼らは、今の山口組は弘道会支配で人事も何もかも決めてる言いますけど、あの人らが出る前までの執行部の顔触れを見ると、圧倒的に山健組、宅見組出身が多いですよ。彼らは思い込んでしまいよったんです。司の親分、高山の頭《かしら》、竹内さん（照明・六代目山口組若頭補佐)、このラインで決まってもうてる、と。もう決まっとるなら、応援することもないやろ、と。山健組に非《あら》ずんば山口組に非《あら》ず、といわれた時代があって、山健の枝の葉っぱの先の毛虫みたいなヤツまでエラそうにしとった。で、今度は自分らの思い通りにならんからいうて出て行ったら、そらあきませんわね。

でも、そもそも竹内さんが八代目になる、なんてことが今から言われることがおかしい。山口組の組長は生涯現役で、基本的には終生親分であり続ける。まだ親分がおるのに次の話をすること自体ありえへんわけやけど、本来は長男である頭が次を取る。髙山の頭は竹内さんにとって親分やから、その人を七代目に推すのは当たり前」

このインタビューの最後は、「今回の件でお騒がせして申し訳ありません」と、世間への謝罪の言葉で締めくくられている。

憤怒の胸中

分裂が明らかとなってから5日後の9月1日、六代目山口組総本部で直系組長会(定例会)が開かれた。

早朝から周辺一帯は物々しい雰囲気だった。警戒にあたる警察官の人数は、通常の定例会と比べものにならないほど多かった。朝早くから兵庫県警、大阪府警、愛知県警、警視庁など、数十人が総本部周辺を取り囲んでいた。そうした中、午前7時14分に、護衛の車両3台を従えて司六代目が総本部へ入る。同32分に竹内照明若頭補佐、同47分には森尾卯太男若頭補佐が乗る車両が入っていった。

この時、入り口で訪問者に対応するガレージ当番の組員は防弾チョッキを着用。山口組は不測の事態に備えて、必要な措置を講じていたことがわかる。

午前8時を回ると、新聞やテレビ局の報道陣も駆けつけて、総本部前は騒然とし始める。その喧騒の中、大原宏延総本部長、高木康男若頭補佐、橋本弘文統括委員長、江口健治若頭補佐、藤井英治若頭補佐の順に最高幹部たちが続々到着した。

その後、全国から集まる直系組長も到着し、午前10時35分までには出席可能な直系組長全員が、総本部に顔をそろえた。

多くの報道陣が注視した定例会は午後1時10分に終了した。

この定例会で司六代目の〝憤怒の胸中〟を綴った声明文が、橋本弘文によって読みあげられた。今回の分裂に関する六代目山口組の公式見解である。

この声明文の冒頭で、司六代目は定例会前日に、長峰霊園を訪れたことを報告している。同霊園は田岡一雄三代目の墓所であり、山口組歴代組長の慰霊塔や組碑が建立されている。声明文の書き出しは、次のようなものである。

「昨日長峰霊園にお参りしてきた。

先人たちの眠る静謐《せいいつ》な墓前にひざまずき、頭を垂れるのみであった。特に、山健組初代組長、宅見組初代組長の「組碑」の前に立った時、様々な思いが走馬灯のごとく去来して発する言葉が無く深く謝るだけであった……」

続けて、現在は暴排社会が加速し、山口組にとって重大な難局であることを指摘し、次のように声明文を続ける。

「斯道界の現況は皆が知る通り、かって経験した事の無い重大なる局面を迎えており、我々にとっては最大の試練の時と思う。今こそ一致団結して行動し、道なき道を切り開き歩いて行かなくてはならないこの時期に、このような内紛をしている場合ではないのである」

分裂の動きを非難しながら、直参たちに一致団結して行動することを求めている。さらに彼の筆は核心部分へと進められていく。声明文の内容を続ける。

「山口組はこの百年、想像を絶する苦難と試練に直面したが、その都度先人の知恵と行動でこの危機を乗り越えてきた。過ぐる日々、山口組には内紛、離脱分裂等を繰り返して成長してきたその過程の中で、有能な多くの人材を失ってきた歴史の反省と学習があった。人は誰も学習能力がある。彼らはその体験者であるにもかかわらず、学習能力と反省が無いのかと思うと残念でならない……」

具体的な名前は伏せられているが、〝彼ら〟とは処分された13人の離脱者を指していることは明白である。司六代目は、相手側を難詰しながら、みずからの責任には触れていない。同声明文を続ける。

「我々は先の分裂で数多くの尊い命を亡くしたし、その時の献身で今尚、獄にあって苦労されている若者が多くいる。このような分裂行為がある事に対し、弁解の言葉が無いが、これも私の不徳と致すところであり、彼らに申し訳ない気持ちで一杯である……」

文中にある〝先の分裂〟とは、一和会との分裂・山一抗争を指しているのだろう。彼の慙愧《ざんぎ》の念が伝わってくる文面である。声明文を続ける。

「さて、この数日、離脱者の多くから心情を訴える相談があると聞くが、罪のない若い者、この人達に対しては非を咎《とが》めることをせず、寛容な気持ちで相談に乗ってあげて欲しい。

今、様々な形での噂、流言飛語が飛びかっていると聞くが、真実は皆が一番知るところある。軽挙妄動を慎み、全組員が連絡を密にして平常通り斯道に励み、この困難な時代にこそ男としての真髄を極めることを希望する。

末尾になるが、今回の不幸も新生山口組の時代の始まりととらえ、公私共に柔軟に対応し『道なき道を歩く』、道を切り開くんだという心意気で前向きに歩むことを望む。

追伸
五代目先代姐、宅見組先代姐をはじめ、関係者の皆さんには私の不徳と遺憾の意を伝えたことを皆に知らせておく」

追伸のくだりについて触れておく。

この司六代目の声明文が、六代目山口組の定例会で発表されたうえ、マスコミに流れたことで、渡辺、宅見両家のご遺族は激怒した。自分たちはヤクザとは無縁の世界で生きているのだから、山口組結束のダシに使うなというわけである。また、雑誌の記事の中に、「司六代目みずから関係先に足を運び、先人の仏前に線香をあげ、謝意を表すとともに、事態収束への思いを伝えたところもあった……」とあるのは、明らかに山口組側が書かせた捏造記事と判断したからである。このため司六代目は『追伸』を書かざるを得なくなったわけである。

同年11月5日の六代目山口組の定例会で配布された『山口組新報』に、橋本弘文統括委員長の〝憤怒の檄文〟が載った。

「本来は山口組創立百年のおめでたい内容で飾る予定としていたのですが、本年の八月に起こりました出来事から述べなくてはならず残念でなりません……」

冷静な書き出しではじまった手記は、行を追うごとに熱を帯び、怒りの感情を色濃くしていく。

執筆者の橋本弘文は、服役中の髙山清司若頭から実質的な若頭代行を託された、いわば六代目山口組ナンバー3の地位にある最高幹部だ。

この手記は書き出しに続いて今回の分裂劇が「青天《せいてん》の霹靂《へきれき》」であったことを記し、全国の任俠界に多大な心配と迷惑をかけたことを、執行部の代表として陳謝する。そして、組を割って出た処分者たちを「一連の騒動を起こした不心得者」と呼び、次のように続ける。

「全国任侠界の皆さまも『盃と男の誓い』の軽さにさぞ驚かれた事と思います」

　そして、痛憤《つうふん》が堰《せき》を切ったように続けられていく。

　離反の大義として主張した総本部移転説、次代の代紋頭決定などを『流言』と一蹴、分裂へと至る山口組の夏季休暇入りの際、離脱した幹部たちが司忍六代目に『休みを戴きありがとうございます』と挨拶したことを暴露し、『その時、彼らの心の中に何を思いながらその所作ができたのか不思議でなりません』と、彼らの心中をいぶかる。そして、激しい語調で、こう続ける。

「一部の者は責任ある立場にあり、六代目山口組の政治を行った張本人でありながら、任侠道における大罪、逆縁を犯してまで、何を言いたかったのか、何がしたかったのか万に一つ言い分があるとしたならば、なぜ内に留まり身を切る覚悟で改革をしなかったのか……」

　まさに檄文と呼ぶにふさわしい内容は、さらに憤怒の度合いを増していく。

「只の一度も自らの意見を親分に進言することなく、責任を放棄し、己の行動こそが大義だとの詭弁《きべん》をもって配下組員に説明した」

　そう記すや、分裂の中心メンバーと目される『年長者』たちを、次のように断罪する。

「我々は任侠組織の根本である『盃』を蔑《ないがし》ろにすると云う事は任侠界自体を冒涜するものであり、我々任侠社会の『盃』というものを完全否定するものであります。この事実に対して、どのような言い訳や大義などあるとは到底思えません……」

一方で、傘下組織の組員たちに、

「大義をなそうとした時、それぞれが小さな主張を押し殺して、大きな気持ちを持ち、結束しなければ何事も成し遂げる事など出来ません……」

と呼びかけ、離脱組織の傘下組員の対処へと筆を進める。『若者に責任など何一つありません』としたうえで、

「山菱の下、親分と我々そして彼らは一つの家族なのです。大きな懐を開けて彼らを待ちましょう」と、分裂の収拾が、武力による短期決戦ではなく、持久戦になる可能性を示唆した。

この文書の最後は、大きな試練を乗り越え、一層の真価を誓うという内容で締めくくられている。

先に紹介した週刊新潮誌のインタビュー記事と司六代目の手記。そして、この橋本統括委員長の文書で、六代目山口組の〝大義〟が出そろったことになる。

2 頭立て体制を提示した合併交渉

冒頭で報告した合併交渉に話をもどそう。

六代目側との下交渉を担当した山之内健三四代目山健組若頭補佐（誠竜会会長）が、交渉の途中経過を織田絆誠四代目山健組副組長（神戸山口組若頭代行）に報告したのは平成28年5月

10日頃である。

井上邦雄神戸山口組組長（四代目山健組組長）のしかるべき地位の確保と神戸側の直参24人（平成28年4月20日現在）全員の復帰が確保できたという。これで神戸側が本格的な合併交渉に入る条件が整ったことになる。

「今月27、28日には伊勢志摩サミットが開催されますので、できればその前に交渉をまとめたいと、清水一家の松本がいってました」

松本秀博は、六代目清水一家（高木康男総長）傘下の美秀連合会会長で、同一家の統括委員長の要職にある。したがって、この交渉の早期妥結を目指すのは、高木康男総長（六代目山口組若頭補佐）の意向と判断してよさそうである。

「そうか、よくここまでまとめてくれた。後は日程と会談場所だな。最終交渉は、俺がやると向こうに伝えてくれ」

「横ヤリが入るといけないので、至急決めるようにします」

「頼むよ」

「はい」

この合併交渉の神戸側全権をまかされた織田絆誠とは、どんな男なのだろうか。

彼が所属する四代目山健組（平成27年現在、構成員2000人）は巨大組織の宿命からか、さまざまな派閥が絡み合っている。そのせいで、いろんな声が聞こえてくるが、山口組ウォッチャーたちの織田評は、おしなべていい。

「次代を担う逸材であることは間違いない。好感の持てる極道ですよ」と。六代目直参だった大物極道の1人、盛力健児は、『山口組分裂抗争の全内幕』（宝島社刊）の中で、次のように語っている。

「相当しっかりしとるらしいね。というのも昔、織田が初代倉本組におる時、『山波抗争』（90年6月から半年間に及んだ五代目山口組と波谷組との抗争）で相手方に撃ち込んで、長期刑くらいよったんや。その際、織田は自分の若い衆を皆、カタギにしたんやけど、その若い衆らは皆、織田の懲役が終わるまで待っとったらしい。織田は出所後、一本独鈷の組織で行きよったんやけど、カタギになっとった若い衆が皆、もどってきたそうや。それで俺らの仲間内で、織田はええ若い衆持っとる、と評判になっとった……」

彼は、渡世人だった父親の影響で、若くして愚連隊をひきいて暴れ回っていた頃から暴力性で群を抜いていた。空手にたけていることもあるが、盛り場で10数人の極道を相手にして、1人で大立ち回りを演じたこともある。その一面で「若い衆の面倒見がよく慕われている親分だ。筋を重んじる古風さも持っている」（山口組ウォッチャーの証言）そうである。

初代倉本組の倉本弘文組長が病没すると同組は二つに割れる。それを嫌って織田は山健組に移籍するのである。

織田絆誠の名は早くから斯界で知れ渡っていた。が、一般社会にまで広く認知されたのは、平成27年9月5日の神戸山口組第1回定例会の直後からだろう。新生・神戸山口組の役員の顔触れが明らかとなり、井上組長の下、六代目山口組から離反した12人の直系組長に加えて、若頭補佐として織田若頭代行の名前があったのだ。同月24日の第2回定例会で早くも若頭補佐から若頭代行に昇格。その直後に開かれた四代目山健組定例会では、織田が四代目山健組副組長に就任し、山健組内に邦道連合を発足させ、その総長についた。

「井上組長は四代目山健組組長を兼任している。そして、山健組最高幹部のまま神戸山口組の直系になっているのは、織田若頭代行が唯一だ。それほど井上組長からの信頼が厚い」（山口組ウォッチャーの証言）

直後から織田若頭代行の実働部隊としての行動が目立つようになる。いわゆる示威行動だ。平成27年9月下旬には、三代目弘道会の本拠地である名古屋に乗り込み、四代目山健組幹部らを集め、名古屋市千種区今池の飲食店で１００人規模の地元山健勢を激励する会合を開いた。これにより弘道会は織田若頭代行の存在を警戒し、山健組との間の緊張が高まり、ついには翌10月17日深夜、弘道会傘下組長らが山健組傘下健仁会組事務所に殴り込み、乱闘事件へと発展する。

この頃には、織田若頭代行が全国各地で示威行動をしていると言われ始める。関西はもとより、北陸、東北、関東など、水面下での全国行脚は、まさに神出鬼没であった。前出の山口組ウォッチャーが、次のように証言する。

「11月初旬には京都祇園で織田若頭代行と四代目山健組の中田広志若頭代行による示威行動があり、その後、京都を地盤とする六代目山口組の親戚団体である六代目会津小鉄会の馬場美次会長が山健組本部を訪問することにつながったといわれていますね」と。

織田若頭代行の示威行動は挑発的なことばかりではない。別の山口組ウォッチャーが語る。

「関東の山健組有力組織の組長が、六代目側の切り崩しを受けて復帰を唱えたが、組員たちが反旗をひるがえした。この動きを知った織田は、すぐさま数10人の配下を引き連れ、同地を訪れて組員たちを激励する会合を開いたんですよ。特段、相手方を挑発するわけでもなく、彼は帰って行ったそうですが、それだけで残留希望の組員たちは『何か起きれば、若頭代行がすぐに駆けつけてくれる』と受け取ったようで、六代目側の切り崩し工作を土俵際で防いだと聞きました」と。

B実話誌の山口組番記者は、織田若頭代行の別の一面を次のように語る。

「引退した大物組長の傘下だった幹部の中には服役中の者もいて、その出所時に織田若頭代行が出迎えて、現役復帰のリクルート活動をしているといった情報もありますね」と。

組員の引き留め、勧誘という場面では政治的手腕をも発揮しているのだ。まさに硬軟両様《こうなんりょうよう》の戦略を見せる。

そんな織田絆誠若頭代行のもとに四代目山健組の山之内健三若頭補佐から朗報が届けられた。六代目山口組側の高木康男若頭補佐との合併交渉日が、平成28年5月14日と決定したのである。

「会談場所は向こうの希望で静岡の高木家で、ということになりました。若頭代行に都合があるなら、いまからでも場所は変更できると思いますが……」

山之内が、そう言葉を添えた。

「高木さんとこで、ええよ」

この後、織田は、高木若頭補佐の携帯に電話を入れ、当日、伺う旨を伝えた。

その際、会談には双方から最高幹部1人を同席させることでも合意した。

織田の戦略は実にシンプルである。兵庫県警のOBが、次のように証言する。

「髙山若頭を外すことを大前提にして、2プランを立てていたと聞いています。第1案は司組長を総裁に祭り上げ、井上が七代目の座につく。第2案が司の総裁ポストに井上の若頭就任ですよ。組長の座は開けたままにしてあるのがミソですね。六代目側からすると、時がくれば竹内若頭補佐を七代目にすえられるという期待がありますから。神戸側に知恵者がいますね……」と。

そして、こうも付け加える。

「この合併交渉の始まる前になる4月に、六代目側は神戸側の幹部を狙ってヒットマンを放っていたんです。当然、そのことを高木若頭補佐も神戸側は知らなかったのでしょう。相当慎重な行動だったようで、兵庫県警も男の所在確認に追われていましたね」と。

そうした中の同日朝に開かれた第1回合併交渉は、和気あいあいとした雰囲気ではじまった。

ひと通りの挨拶がすむと織田が口火を切った。第1プランを高木に提示したのである。

高木に驚きはなかった。

あらかじめ予想していたのかもしれない。

彼は、総裁と組長の2頭立て体制にすると、後々、再分裂を招く可能性があるとして再考を求めてきた。

織田が、第2のプランを提示した。

この案には竹内の七代目組長の芽があると読んだ高木は、組に持ち帰って検討すると回答した。

彼は笑顔だった。

このプランならば執行部の同意を取り付けられると判断したのかもしれない。

彼らは予定にはなかった役員人事の話まではじめた。

織田が、双方の役員は同数にすることを求めた。笑顔で高木が、それぞれの直参数に比例して選出するのが道理にかなっていると反論した。

終始、和やかな雰囲気だった。

後刻、人事案についても電話で連絡を取り合うことで双方は合意した。

織田が高木家を辞したのは、同日午後1時頃だった。高木が玄関先まで見送りに出た。

連日のように彼らは、電話で人事案などをやり取りしていた。

織田サイドは、双方の直参数が54対23（平成28年4月現在）なのだから、神戸側が得られる役員数は六代目側の半数以下になってしまう計算になる。それは避けたかった。できればトントンに、悪くても6対4の割合にしたかった。織田は懸命に粘っていた。

そんなさなかの同月28日、分裂前に六代目山口組から処分された神戸側の直参3人の復帰は認められないと、いきなり高木サイドが通告してきた。この3人は神戸山口組舎弟頭補佐の太田守正組長（太田興業）、同・舎弟の竹森竜治会長（四代目澄田会）、同・若中の藤田恭道組長（二代目英組）である。

六代目側は、神戸側が絶対に受け入れられない条件であることを承知のうえで突き付けてきたのである。いわば談判破裂の通告であった。

この通告から3日後、神戸山口組舎弟頭の池田孝志組長がひきいる池田組の若頭が自宅マンションの駐車場で、弘道会傘下組織のヒットマンに射殺される事件が発生した。和解つぶしを狙った犯行との見方が一般的だった。

第二章

弘道会が放った刺客

狙われた池田組若頭

「ちょっと、すいません。池田組の方でしょうか?」

平成28年5月31日午前9時50分頃のことだった。

岡山市南区の閑静な住宅街にあるマンションの駐車場で、物陰からぬっとあらわれた30代前半で、ヘルメットをかぶった中肉中背の男が、いきなり声をかけてきた。彼は六代目山口組系三代目弘道会傘下三代目髙山組内の山本興業に所属する山本英之組員である。

弘道会内の髙山組といえば、六代目山口組はもとより、他団体にもその名が知れ渡る組織である。現在、府中刑務所で服役中の髙山清司若頭が創設した組織で、次代の若頭、そして七代目組長と目される竹内照明若頭補佐(三代目弘道会会長)も髙山組の出身である。

「何や?」

このマンションに住む神戸山口組系池田組の高木昇若頭が、声のする方に振り向いた。

無警戒だった。

彼は買い物に出かけるために駐車場で妻と待ち合わせていたのである。

山本は笑顔で彼に歩み寄ると、約2メートルの距離から高木をめがけて、右手に握っていた拳銃の引き金をしぼった。

乾いた拳銃音が響いた。

銃声とほぼ同時に彼は、反射的に携帯電話を持つ手で、胸をかばった。

銃弾は高木の左手甲を粉砕した。

彼は拳銃に背を向けて、駐車中の車の陰に駆け込もうとした。

「こらぁ」

怒鳴り声をあげながら、山本が追った。

至近距離から連続して2発発射した。

2発とも高木若頭の背中に命中した。

そのうちの1発が背中から心臓に達していた。

最初の銃声からすぐ後に駐車場へ出てきた高木の妻が悲鳴をあげた。

それとほとんど同時に、駐車場の向かいのマンションに住んでいる神戸山口組系四代目山健組の組員が、血相を変えて外へ飛び出してきた。

2人は、山本の後姿を追った。

この惨劇を近所の住民が目撃している。その証言を紹介する。

「パンパンと3、4回銃声が聞こえました。タイヤが破裂したのかと思ったんですが、あんなに連続して音が鳴るのもおかしい。そう思っていたら、女性の『ギャーッ』という悲鳴が聞こえました。外を見ると、坊主頭で小太りの男性が駐車場にうつ伏せで倒れているのが見えました」

住民からの通報を受けた岡山県警と救急隊が現場に急行した。この様子を見た前出とは別の住民によると、救急隊によって仰向けにされた高木若頭の腹部は血で真っ赤に染まり、おびただしい量の血だまりが、駐車場のコンクリート床を染めていたという。地元の新聞記者が、次のように証言する。

「救急隊が駆けつけた時点で高木若頭は心肺停止状態でした。収容した病院で蘇生措置が取られましたが、午前10時44分に死亡が確認されました。

県警によれば、高木若頭は車の免許を所持しておらず、この日も妻と出かけるために駐車場で、配下の組員が運転する車を待っていたそうです。そこをヒットマンに狙われたとみられていますね」と。

彼がヒットマンと形容する理由は、山本英之の手口にある。確実に相手の命を獲りにいったというのだ。

「死因は心臓損傷でした。至近距離から銃撃したとしても、1発は心臓を撃ち砕いている。それで手慣れた男による犯行といわれているのです」（前出の新聞記者の証言）

ヒットマンの山本英之は用意周到だった。現場近くのマンション住民がいう。

「旦那さんが撃たれた後、奥さんが犯人を追いかける姿を見ました。その先を走る犯人も。ヘルメットで顔は見えなかったけど、青っぽいシャツを着て、ひざ下丈のズボン姿でした。でも、150メートルほど先に原付バイクを止めていて、それに飛び乗り猛スピードで逃げていきました。奥さんも追うのをあきらめてご主人のところへ戻ったのでしょうね、ご主人に呼びかける声が聞こえましたから」と。

銃声を聞いて飛び出してきた山健組の組員は、白の自家用車でヒットマンのバイクを追ったが、途中で見失ってしまう。

山本英之は、逃走手段を準備していただけではない。近所に住む警備会社ＯＢがいう。

「犯人は原付バイクに乗る時にシャツを脱いで、それをメットイン（バイクの収納スペース）に押し込んでから走り去ったんです。たぶん、黒っぽい服装に変わっていたはずです。あんな事件を起こした後だというのに、実に冷静ですよね。

撃たれた親分さんは、よくあの駐車場で携帯電話で話していたり、車を待っている姿を見たことがあります。犯人は、それを知っていたのかも……」

全国紙の支局員は、次のように話す。

「弘道会が放った刺客ではと疑われるヒットマンの山本は、確かに用意周到な男のようですね。というのも、現場付近には5台の防犯カメラが作動中でしたが、そのすべてのカメラに、彼の拳銃を発射する姿は写っていなかった、遠方を歩く山本らしき男のピンボケ映像のみと、捜査員はいってます。そうしたことからみて県警では、入念な下見を繰り返しての犯行、つまり、計画的な殺人だったと判断しています」

計画的な凶行が疑われる他、組織的関与をうかがわせる証言もある。前出の新聞記者が証言する。

「この射殺事件直後に北区の公園で銃声が聞こえたという通報があったのです。このため、射殺現場にいた捜査員の多くが、公園の方に移動しましたが、発砲した痕跡は見つからなかった。捜査をかく乱して、ヒットマンの逃走を助ける目的の通報だったのでは、という声が捜査本部内にありました」と。

二つの山口組の合併交渉が破談となった直後のことでもあり、当然のように抗争事件を視野に、岡山県警は捜査を進めている。

ヒットマンの山本英之は、なぜ、高木若頭をターゲットに選んだのだろうか。

射殺された池田組の高木昇若頭は中野会（解散）の出身である。

中野会は五代目山口組で若頭補佐をつとめた中野太郎会長ひきいる武闘派組織として名を知られている。平成9年の宅見勝若頭暗殺事件を引き起こし、中野会長は山口組から絶縁処分を受ける。

その後、高木若頭は平成14年頃に縁あって池田組に迎え入れられた。岡山県内の独立組織の幹部が、次のように証言する。

「高木さんは30代の若さで中野会傘下組織の若頭をつとめていた武闘派でした。その実力を買われての池田組移籍でした。彼は、池田組長の期待に応えるような働きぶりだったそうです。加入から1年強で池田組の若頭補佐になり、若頭代行、平成21年には直系組織の若頭にまでのぼりつめたほどでした。池田組長の右腕として組織運営を担ってきただけに、池田組にとっては大きな損失だと思いますね」

神戸山口組舎弟頭の要職にある池田孝志組長は、極道界有数の資金力を誇るヤクザとして知られる存在だ。

シノギ上手でもある。

地元・岡山以外にも東京や神戸、大阪、和歌山など各都県に貸しビルを経営、テナントからの賃貸料やマンションの管理、建設業などとオモテの企業に近い仕事を手掛ける一方で、高利な貸金業、債権回収などグレーゾーンでの商売も活発に行っている。

高木若頭も地元の企業関係者に顔が広かった。親交のあった企業経営者が明かす。

「高木さんは経済に明るい方でしたよ。日経新聞に出ているような経済情報を、よく話してました。それに実にさばけた人柄でしたね」と。

その証言を裏付けるように、射殺現場となったマンションに住む主婦は、高木がヤクザと知りながらも、きちんと挨拶を返してくれる礼儀正しい人でした、と涙ぐむ。

分裂以降、池田組ではシノギで稼いだカネを、六代目側切り崩し工作の軍資金にしている。その資金を運用し、組織の先頭に立っていたのが高木若頭だ。六代目側にとって、これほど目障りな男はいない。

分裂後の岡山では、二つの山口組の間で多くの騒動があった。

この前年の平成27年11月7日に、六代目山口組系二代目大石組（岡山市、井上茂樹組長）の若頭だった功龍會の前谷裕一郎会長が神戸山口組側に加入したことが判明した。同月21日には、六代目山口組幹部だった三代目熊本組（玉野市）の藤原健治組長が電撃移籍した。現在、彼は、神戸山口組の舎弟頭補佐の要職についている。

岡山県は、神戸山口組側からの切り崩し攻勢が早くから露呈した激戦地なのだ。その結果、平成28年末時点で県警は、分裂以前の山口組の県内勢力の9割が神戸山口組に加入したと発表している。

中でも岡山での切り崩しの主力となったのが池田組とされ、とくに池田孝志組長の出身組織である二代目大石組への圧力は熾烈を極めた。古参の山口組ウォッチャーが、次のように証言する。

「分裂以前から池田組は、引退した大石組の先代の面倒を見ると申し出て、その住居を用立てたんですよ。その申し出（大石組先代の世話　筆者注）を大石組の方で受けたのかどうか、私は確認できていませんが、どうしたって、大石組側は池田組に義理ができますよね。そんなところに、分裂後に移籍の話がくればグラつくのが人情ってもんでしょ。

大石組の組長は盃の重みを説いて、一切の勧誘を受け付けなかったそうですが、同組の若頭だった前谷裕一郎会長(功龍會)は、配下を従えて池田組本部長として移籍してしまったんです。この前谷会長は愛媛を地盤にしていて、高木若頭も四国の出身ですから実にウマが合う……」

証言を続ける。

「この他にも高木昇若頭は、大分の四代目石井一家（生野靖道総長）から50数人を引き抜いている。また、愛媛の二代目木村會（山本彰彦会長）を神戸側に移籍させたし、鳥取の大同会（森尾卯太男会長）にも手を伸ばしていたという話があります。

そんなわけだから、六代目山口組側からすれば、高木若頭が切り崩し工作に暗躍していた張本人とみても不思議ではないし、それでターゲットにされた可能性は十分にあると思いますね」と。

事件当日から神戸山口組は動き始める。

31日午後6時半を過ぎた頃、池田組本部で緊急執行部会が開かれたのである。池田組本部は射殺現場から車で約10分の距離だ。そのため危険だとして県警は非常線を張り報道陣を近づけさせない措置をとった。

同日午後7時頃になると、駐車場に池田孝志舎弟頭や藤原健治舎弟頭補佐、池田幸治若頭補佐(四代目真鍋組組長)が姿を見せた。その輪の中には二代目木村會の山本彰彦会長の姿もあった。彼は執行部には加わっていないが、一報を聞きつけて駆けつけたものと思われる。その後、正木年男総本部長、剣政和若頭補佐（二代目黒誠会会長）が退出していった。

翌6月2日までに高木昇若頭の司法解剖が終了し、翌3日に葬儀が営まれた。この日は高木家葬として本密葬であった。

同日午後4時20分頃、岡山市内の斎場に織田絆誠若頭代行が姿を見せた。同47分に寺岡修若頭が到着し、その5分後、高木若頭の遺体が式場内へと運ばれていった。午後5時過ぎに入江禎副組長も場内へと入っていく。その後も車両や大型バスで直参や各組織の若頭が到着した。九代目酒梅組の吉村光男組長などが個人的な交友から複数の独立組織の親分らも参列。午後6時半頃、井上邦雄組長が斎場に入り、約30分後に本密葬が始まった。警戒中の岡山県警の捜査員が緊張感を漂わせながら、次のように語る。

「葬儀は家族葬だったが、本密葬には多くの直系組長が参列し、組織をあげて高木若頭の死をとむらった。神戸山口組側は、射殺事件をそれだけ重大視している表れだと思う。報復が懸念される」と。

両山口組の襲撃部隊

マスコミの間では、高木昇池田組若頭の葬儀が終わる前後から、弘道会の暗殺部隊の存在がささやかれるようになる。つまり、ヒットマンの山本英之（弘道会傘下高山組内山本興業組員）は十仁会のメンバーではないのか、というのである。週刊現代誌の6月25日号は、「六代目山口組『伝説の暗殺部隊・十仁会』がついに動いた」と、射殺事件との関連をにおわせる見出しを立てて報じた。6月10日付日刊ゲンダイ紙は、「六代目・十仁会VS神戸・スワット　山口組『密殺集団』の日常」と、両秘密組織を比較するかのような報道まであったほどである。

週刊現代誌の記事は、暴力団に詳しいというジャーナリストの鹿島一男のコメントとして、次のように書く。

「十仁会は、もとは組長の警護役を務めていたが、抗争勃発のときに相手の幹部を狙う使命を帯びるようになった。一種の密殺集団で、ヤクザ社会に平和状態が続いたため、長らく活躍の場を与えられなかったが、昨年の分裂騒動以来、再構築に動き出したそうだ」と。

その知られざる戦闘集団がクローズアップされるのは、今回が初めてではない。

弘道会の秘密組織として報じられている「十仁会」が、初めて注目されたのは平成11年のことである。

当時、六代目山口組の司忍組長は、五代目体制で若頭補佐をつとめ、ボディガード役の組員が拳銃を所持していたことで、銃刀法違反事件の共謀共同正犯に問われていた。

その裁判が行われた大阪地裁での第4回公判に、十仁会のメンバーだったと称する弘道会の元組員が検察側証人として出廷したのである。

「(十仁会は) 親分のボディガード兼ヒットマンの集団です。他組織との抗争になれば命をかける仕事をする……」と、その元組員は十仁会の内実を証言した。さらに、彼は、その仕事の内容も、「十仁会メンバー9人は目立たぬように (遠くから) 親分を警護する」と供述し、「護衛中は常に拳銃を携行している」と陳述した。

この裁判で弁護側は、弘道会には十仁会なる秘密めいた組織は存在しないと真っ向から否定した。この1審裁判で司組長は無罪を勝ち取った。

しかし、平成16年2月24日に開かれた控訴審の判決公判で、大阪高裁は司忍組長に対し、懲役6年の逆転有罪判決を言い渡したのである。

その判決理由として、「弘道会には、抗争の際に拳銃等をもって攻撃する部隊『十仁会』、会長の身の回りの世話と警護にあたる『親衛隊』という組織があり、拳銃所持で現行犯逮捕された2人の組員は『親衛隊』の指揮者と、その一員だった。

また、組員が拳銃所持や発砲によって検挙された場合、その後に地位があがる実態があり、被告自身が、この種の行為を容認、称賛してきた事実がある」と、間接的な事実をあげた。

ちなみに司忍側は、直ちに上告したが、平成17年11月29日、最高裁は彼の上告を棄却している。

これらの裁判を通じて、弘道会には十仁会という特殊な組織のあることが明らかになったのである。

この十仁会の存在がささやかれ始めたのは、弘道会結成以前の田岡三代目の時代にまでさかのぼる。古参の山口組ウォッチャーが、次のように語る。

「捜査当局は昭和40年代後半、弘道会の前身である弘田組が組織内部に十仁会を結成したとみていたのです。中京地区で激しい抗争を繰り広げていた時期であり、戦闘専門集団結成の必要に迫られてのものだったといわれていますね。

私は確認していませんが、田岡三代目が大日本正義団の組員に拳銃で襲撃されたベラミ事件の報復戦として知られる昭和53年の第3次大阪戦争でも、十仁会が暗躍したと当局側ではみているのです。

そして、武力一辺倒の山口組ではなくなって、経済活動に組織全体がシフトしていく時代の変遷に合わせるように、十仁会の性格も変貌したと、警察当局は分析しています。もうちょっと具体的にいいますと、初代宅見組の宅見勝組長が力をつけてきた時代です。検察側証人として司組長の裁判に出廷した元組員の証言にもあるように、組長の護衛も任務のひとつとなっていくのです……」

彼の証言を続ける。

「さらに弘道会内部を含め、あらゆる極道組織や、警察当局に対する情報収集にあたる諜報機関のような役割も持っているところが、十仁会のすごみでしょうね。驚くのは本体の山口組まで、彼らの監視の対象になっているのですから」と。

十仁会は髙山清司若頭が弘道会を支配するようになってからというもの、一段とすごみを増してきたという。

自分たちの身内さえも信じない。

常に周囲に対して冷徹な疑念の目を向けているのである。

こんなところが、並の組織とは一味も二味も違うところである。

弘道会の情報集力のすごさを象徴するような事例を紹介する。

「平成15年、弘道会傘下組織と住吉会系組織との間で起きた〝北関東抗争〟で、住吉会系組織からの先制攻撃を受けた直後に、敵対組織の組事務所をはじめ、関係する会社と最高幹部の自宅を一斉に襲撃したのです。弘道会の情報の精度の高さとその反撃スピードに、関東の組織は驚愕したものです。『抗争以前の平時から他組織の情報をつかんでいたに違いない』とね。こうした事実から弘道会には、諜報活動を行う専門の秘密部隊があるとささやかれてきたのです。それが十仁会ではないかというものでした」(前出の山口組ウォッチャーの証言)

十仁会とは、具体的にどのような組織なのだろうか。前出の山口組ウォッチャーが、次のように語る。

「弘道会傘下の各組織から適格者を選抜してメンバーにすると聞きました。胆力と知力を兼ね備えた者だけをピックアップすると巷間《こうかん》いわれていますが、それはちょっと大げさすぎる表現ですね。007のジェームズ・ボンドのような超人は、あの業界にはいませんよ……」

では、どのような人物を選抜するのか。証言を続ける。

「一言でいうなら、鉄砲玉人間と頭脳派人間ですかね。運動能力はゼロでも、頭の回転が素晴らしい高山若頭のような、情に流されない冷徹な戦略家ですよ。この種の組員は数人いれば十分で、あとは指示に忠実に従うことができ、どこへでもすっ飛んでいける若者ですね。弘道会は、〝捨扶持《すてぶち》〟(小遣いの意)をあたえて遊ばせている組員がかなりいると聞きます。こうした者の中から酒やヤクなどの依存症がないこと、肉親と疎遠なこと、指つめのないことなどの条件に合う30代前半までの組員を候補に鉄砲玉を選んでいくのです」

シノギの能力もない、業界内の付き合いもできない。ただ、凶暴さだけが取り柄の組員が鉄砲玉に選抜されるのだ。前出の山口組ウォッチャーが証言する。

「十仁会は、知略にたけた数人の組員に、〝仕事〟の内容によって鉄砲玉を加えていくというシステムになっているのです。いま、うわさになっている池田組若頭射殺事件の犯人が十仁会の者だとしたら、射殺犯は凶暴で極道としての行儀を知らない男のはずです。そして、彼の周囲には、被害者に関する情報を提供、ないしはサポートした知略にたけた人物がいるはずです」

と。

一方、日刊ゲンダイ紙が〝密殺集団〟と報じたのが山健組のスワットである。

この名前が初めて登場したのは平成10年のことである。当時、五代目山口組若頭補佐であった三代目山健組・桑田兼吉組長の特殊護衛隊として創設された。初代スワット隊長は山健組直参のTである。先の十仁会と同じように、その存在は裁判の公判中に明らかとなったのである。

平成9年に宅見若頭暗殺事件が発生し、若頭不在となった五代目山口組を当局が襲った。若頭候補である若頭補佐3人を同じ銃刀法違反の共謀共同正犯で逮捕したのである。司会長の前に桑田組長は東京・六本木で警視庁に逮捕され、公判は先に進んだ。そして翌10年5月の初公判の検察側の冒頭陳述でスワットという名前が飛び出したのである。米国の警察内特殊部隊の名前からとったのは明らかで、当初は桑田組長の警護と敵襲に対する迎撃が任務とされた。その後、渡辺五代目やその家族も警護対象に加えられた。

スワットのメンバーは、五代目の居室がある山口組本家2階の奥まった部屋で待機している。渡辺五代目は、毎朝、六甲への散策を日課としていたため、スワットのメンバーは警護のために同伴した。また、渡辺五代目の長女・Mの登校にも数名の隊員が同行した。普段、彼らは本家に面した内庭で、人目に立たぬように警備についている。

桑田組長の公判をマスコミは〝スワット事件〟と呼んだ。前出の山口組ウォッチャーが語る。

「この事件は強引な捜査と共謀共同正犯の拡大解釈が話題となりました。拳銃所持で逮捕された4人の組員はいずれもスワットの一員だったとされ、弁護側は1審の初公判から徹底抗戦したのですが、最終的には最高裁の判決にも『スワット』の文字が残りました。そうした事情から、スワットは射撃の訓練を受けたエリート集団などといわれてきたのです」と。

そして、こう結論づける。

「十仁会やスワットなる襲撃部隊が、かつて存在していたとしても、最初に注目されてから20年近くも経過する現在、当局の厳しい締めつけで、ヤクザ社会に隠密部隊が暗躍できる余地はないという評論家がいます。でも、私は、巨額な軍資金を持つ限られた組織には、いまも存在していると、強く信じていますよ」と。

不可解なヒットマンの出頭

誰もが予期せぬ出来事が起こった。

六代目山口組の三代目弘道会が放った刺客が、池田組若頭射殺事件から5日後の平成28年6月5日午後、岡山南署に出頭してきたのである。

抗争相手の頬をカミソリで十文字に切り裂く獰猛《どうもう》な男といわれている同会傘下三代目高山組内の山本興業組員、山本英之は悪びれるふうもなく、「わしが、池田の頭を殺った」と自供した。

同日中に岡山県警の捜査本部は、山本組員を殺人と銃刀法違反の容疑で逮捕した。

このヒットマン出頭の情報は、瞬時に極道社会を駆けめぐった。

捜査当局も騒然となった。

それほど意外な出来事だったのである。

近年、極道が関係する殺傷事件で、実行犯が出頭するのは稀有なケースだったからである。

司法当局は極道に対して厳罰を科す傾向が強く、32歳の山本英之でさえ有罪となれば、生きて刑務所を出られるかどうかわからない。さらに、組織犯罪処罰法などで、組織トップへ累が及ぶ可能性がある。こうした傾向からヒットマンみずからが出頭することは、きわめて少ないのが現状である。

このような事情もあって極道社会では、今回の自主的な出頭に懐疑的な声が多い。この事件を追っている山口組ウォッチャーの1人は、こう打ち明ける。
「捜査の手が及んでいることを知って、組織が替え玉を出頭させたのではないかという見方が多いですね。次いで多かったのは、組織からの口封じを恐れて、ヒットマンが勝手に自首したんじゃないかというものでした。私は十仁会の犯行説をとっているので違う見方をしています。組織とは関係なく、個人的な遺恨で、池田組若頭を殺ったと主張するために、早期出頭をしたんじゃないかという見立てです……」と。

岡山県警が認否を明らかにせず、山本が使用した拳銃や逃走手段の原付バイクが、まだ見つかっていないことから、流言飛語は加速度的に増幅していく。さらに、用意周到な手口から捜査の長期化も予想されていた。それだけに事件から日を置かずに出頭したことが疑念を膨らませていったのである。

ヒットマン・山本の犯行動機について、県警詰めの大手新聞記者が、次のように話す。
「ヒットマンに相手を殺す動機があるとすれば、普通、組織のためということになるが、どうも違うようなんだね。山本が、ボソボソ話すところによると、どうも動機は私怨らしいというんだよね。3月に弘道会傘下組員8人が逮捕された事件が、ヤツに犯行を決意させたきっかけだったそうなんだ」と。

その3月の事件というのは、同月17日に発生している。かいつまんで説明しておこう。

名古屋市内の弘道会本部事務所周辺を周回する車両を怪しんだ8人の同会傘下組員が車両を停車させ、乗車する男性を引きずり出して暴行を加えたという単純な事件だ。被害者は堅気だったと新聞や雑誌は書いた。山口組ウォッチャーは、次のように解説する。

「その車両は何度も弘道会本部を挑発するかのように、グルグルと周回していたそうです。これが堅気のやり口と思うか、というのが弘道会傘下組員の受け止めですよ。

たしかに、愛知県警も神戸山口組からの差し金を疑っていました。だが、ウラを取ることができなかったといいます。その後、弘道会側は、何がしかの情報をつかんで確信を持ったのかもしれません。あの車両に乗っていたのは間違いなく神戸山口組側の関係者だとね」

弘道会本部事務所の周りを周回していた車両は、岡山県内のナンバーだったという流言があるうえ、逮捕された8人の中には、山本英之が所属する山本興業の幹部が含まれていたという情報もある。

山本は、みずからの個人的な動機による犯行だと捜査員に告げたが、多くは黙秘しているそうである。

今回の出頭について、関東の広域組織関係者は、こんな見方をする。

「ヘンな言い方になるが、ヤクザとして飯を食っている者なら、誰だって人を殺せますよ。そんなに難しいことじゃないからね。ヤクザとしての真価が問われるのは、逮捕されてからの対応なんですよ。つまり、組織の関与を絶対にゲロ（自供の意）しないことなんです。これは口でいうのは簡単だけど、なまはんかなヤツにはできない芸当なんです。

今回の池田組若頭射殺事件で自首してきた男が、ほんとうに私怨で殺ったと供述しているなら、この男は本物のヒットマンなのではないかなと思うよ。いま、ここまでは自分の勝手な憶測だけど、明白なのは、出頭してきた弘道会の男が長期服役を恐れていないということだよ。

誰にでもまねのできることじゃない。肚がどんと座っているな。十仁会のメンバーではないかという話があるそうだが、そんな噂も、うなずける。

それにしても、あんなに生きのいい若い組員が、弘道会にいるなんて、正直、うらやましいよ。このことが新聞雑誌記事で広く知れ渡り、神戸側では脅威に感じているのではないだろうか」と。

6月12日、岡山県警は、ヒットマンが使用したとみられる拳銃を、岡山市内の雑木林の中から発見したと発表した。

山本英之が岡山南署に出頭してきた時に拳銃を所持していなかったことから、長らく〝替え玉出頭説〟が消えなかった。地元の新聞記者の話を紹介する。

「県警では、替え玉出頭の可能性も視野に入れて捜査を続けていましたが、拳銃発見を発表した数日前から、岡山市北部の山中に捜査員をひそかに派遣してました。11日夕方になって市道から30メートルほど入った雑木林の中から拳銃を発見したのです。同時に見つかった実弾と空薬きょうも、拳銃の装填数と一致したことを認めています。しかし、拳銃の口径などは明らかにしておらず、この捜索が山本組員の供述から始まったかどうかも不明です。しかし、線条痕が一致したとの情報もあり〝替え玉出頭説〟は消えたも同然となっていますね」と。

同月27日、山本英之は、殺人の罪で岡山地検に送検された。

事件後、神戸山口組側からの報復とみられる事件は起きていない。これは今年9月にG7の閣僚会議が軽井沢と神戸で開かれるため、神戸山口組が傘下組織に行動自粛を求めたためとされている。

末端の組員にまで強い自制を求めれば求めるだけ鬱屈《うっくつ》したガスはたまる。それをどこかの時点でガス抜きしなければ大きな抗争に発展する。当局側が最も警戒するところである。

神戸山口組側の沈黙は、当事者と警察当局を含めた3者の間で疑心暗鬼を生み出しているのか、不穏な情報が飛びかった。当局側は、いまだ神戸山口組側が報復の機会をうかがっているとみている。

そうした中、池田組の高木昇若頭の四十九日法要が、7月18日、岡山市内の寺院で執り行われた。

高木若頭の親にあたる池田孝志舎弟頭はもちろんのこと池田幸治若頭補佐、二代目木村會・山本彰彦会長ら神戸山口組直参も参列した。

その後、高木若頭の遺骨は、岡山市内の墓地に建てられた墓所に納骨された。墓石には『絆』

の文字が刻まれていた。その近くには池田組の組碑も建立されていて、歴代の物故者とともに高木若頭の名前が刻まれた。

高木若頭の四十九日の法要から1ヵ月余が過ぎた8月下旬、池田組若頭射殺事件が進展を見せた。

同月24日、ヒットマン山本英之と共謀したとして殺人と銃刀法違反の容疑で2人が岡山県警に逮捕されたのである。地元新聞記者の証言を紹介する。

「うち1人は弘道会傘下のM（のち起訴猶予処分）で、ヒットマンの山本とは別の弘道会傘下組織に所属していましたが、地元岡山の地理に詳しいMが現場の手引き役を担っていたとみて、捜査を続けていますね」と。

ヒットマンの覚悟

ヒットマンの山本英之は、送検前後からポツポツとだが犯行を供述するようになってきた。ただ、犯行動機に関しては、「個人的なもの」だったと、組織からの指令を頑として否定している。

山本は、殺意を募らせていく過程について具体的に自供している。

彼が、ある事件で服役中の平成27年8月、山口組が分裂した。地元の新聞記者が、次のように語る。

「同年11月に出所した山本英之は、山口組の分裂を主導したのが四代目山健組と二代目宅見組と池田組、そして俠友会とみて、敵情を把握する必要から単身で敵地に乗り込むことを決意したんだそうです……」

では、なぜ、池田組を狙ったのか。

それは「池田組がカネにものをいわせて、六代目山口組の組員を引き抜く汚い組織だと考え、腹立ちが納まらなかった」（山本英之の供述）ことを理由に、彼は池田組の本拠地である岡山市に赴いた。前出の新聞記者の話を続ける。

「彼はツテを頼って潜伏先のマンションと原付バイクを確保します。その後、2月中旬から4月にかけて池田組を終日監視するようになります」

その結果、高木昇若頭が、池田組の最高幹部であることを知り、ターゲットにしたのである。しかし、この時点では情報収集が目的であったため、高木若頭に対する殺意は芽生えていなかったという。

「弘道会の幹部から高木昇を殺《や》れと命じられていたんだろ？」

取り調べ検事は、連日、山本組員を執拗にせめた。

「そん時は、殺ろうなんて、これっぽっちも思っとりませんでした」

彼は、殺意を強く否定する。

「池田組を懲らしめに、わざわざ岡山まで大金を使って出てきたんやろ、それで殺意がなかったいうのは、ちょっと辻褄が合わんやろ?」

さらに検事が食らいつく。

「検事さん、高木は(自分が射殺した)5月末まで生きていましたよね。それが、わしに殺意がなかった証明ですやんけ。殺る気があったなら、もっと前に死んでますわな」

あくまでも彼は冷静だった。

検事が質問を替えた。

「被害者が、池田組の若頭だったことは知ってたの?」

検事は、対峙する山本組員のメガネの奥を凝視した。

「いえ、いえ。事件後に入ったラーメン店のテレビニュースで知ったんですわ」

六代目側組織の切り崩し工作の先頭に立つ高木若頭が、狙い撃ちされたとの検察側の見立てを否定してみせた。まるで事前に用意されたシナリオ通りに供述しているように、担当検事にはみえた。

執念とも思えるヒットマン・山本の監視で、高木若頭の自宅やショッピングに利用している商店、喫茶店などがすべて洗い出され、彼の行動パターンまで把握されていた。高木若頭の私生活は丸裸同然だったのである。

そんなところに高木若頭殺害へと向かわせる事件が起きる。

前述した弘道会本部事務所近くを挑発するかのように、周回する車両のことでもめ、弘道会側に8人の検挙者を出す騒動のことである。この中には山本英之の直親にあたる山本興業の組長が含まれていた。ヒットマン・山本は同組長の養子でもある。

「検事さん、岡山の人間が名古屋のまわりをウロチョロしたんやで。本部事務所にいた（弘道会の）組員が、きっちり確認してるんや」

憤怒の色を見せながら、山本英之はまくしたてる。

「ほう、そうかいな。おまえ、岡山ナンバーの車だと、よう知っとるな。（組織の）上の者からいわれたんか？」

池田組若頭殺害の指示ないしは教唆が、弘道会の上部から出ていたという見立てに検事はこだわっていた。

「指示や命令など、誰からも受けてないって、前からずーっといってまっしゃろ。検事さんも疑い深いなぁ、疲れまっさ」

「おまえが、ほんとのことをいわんから、何遍でも同じ質問をするわけや」

「マジに答えてまっせ」

「刑期が終えれば、おまえ、大幹部やろ。だったら大幹部候補らしく堂々と、ほんまのことをいえや」

「検事さんには、何もうそをいうてへん」

「……」

「警察もマスコミも、うそばっかりやんか。(弘道会本部事務所前を)ウロチョロしとった車に乗ってた者を一般人やというてまっしゃろ。あれ、うそやんか。神戸山口組の関係者なのは間違いなしや」

「ほう……」

「そういう人間が、警察に被害を訴えるなんて、気に食わん」

ヒットマン・山本の目の奥に憤怒の色が浮かんだ。

この時の怒りが徐々に大きく広がり、4月下旬には、「(高木若頭を)痛い目に合わせてやろう」(山本英之の供述)と、彼は決断するのである。

いったん燃え広がった怒りが殺意へと急変し、5月31日に事件を決行することになる。

射殺事件前夜に岡山市内に入った山本は、翌朝から行動を開始した。

彼は岡山市内をさまよい歩きながら、原付バイクのナンバーを物色した。自分のバイクのものと付け替える計画だったのである。

スーパーの駐車場に止めてあるバイクに目がとまった。隣に駐車中の乗用車が壁代わりになって、人目を避けやすかったからである。しかし、そのバイクのナンバーを止めているネジは腐食が進み、容易にはずせなかった。次いで病院の駐車場に向かったが、ここは人の出入りが激しく、ナンバープレートをはずす時間が確保できなかった。

物色の3ヵ所目は住宅街の月ぎめ駐車場である。

乗用車と軽トラの間にポツンとバイクが止まっていた。

人影はなかった。

彼はバッグから工具を取り出し、手慣れた手つきでナンバープレートをはずし、その場を離れた。

その後、ガソリンスタンドに寄って給油を終えると、市道から少し引っ込んだところでナンバープレートを付け替え、高木若頭が居住するマンションに向かった。

直接、事件現場となったマンションの駐車場には行かず、近隣のビルの屋上にあがり、そこから高木若頭が住むマンション1階を監視した。外出する際の高木が、1階の駐車場で電話をする行動パターンを把握していたためである。

しばらくすると、ラフな格好の高木若頭が姿を見せた。

予想通りだった。

「この後、ヤツは電話をするはずだ」

彼の日課を読み切っていた山本は、周辺に設置されている5台の監視カメラを避けるようにして駐車場に入った。彼は、止めてある乗用車の間を縫うようにして高木若頭に近寄り、「池田組の方ですよね」と声をかけ、振り向いたところに銃弾を浴びせた。

平成28年12月9日、岡山地検から起訴されていた山本英之の初公判が、岡山地裁100号法廷で開かれた。

この日の裁判所周辺は、神戸山口組側の報復が懸念されるため、厳戒態勢が敷かれていた。随所に規制線が張られ、機動隊を含め総勢100人の捜査員が警戒にあたった。周辺ビルの屋上からも監視の目を光らせるほどである。

第100号法廷には、傍聴席との間に防弾仕様のアクリル板が敷設されていた。

同日午後1時半の開廷を前に山本英之が姿を見せた。短髪に黒縁メガネ、中肉中背で黒のジャージ姿である。メガネの奥の眼光は鋭く、筋金入りの極道だとわかる。

事件までの経緯や殺害方法に関して、弘道会傘下山本興業の山本組員は争う姿勢を見せなかった。むしろ、争点を作り出したのは検察側だった。前出の新聞記者が語る。

「検察側は山本組員が面識のない高木若頭に『強固な殺意』（冒頭陳述書）を抱いたのは、組織からの示唆や働きかけがあったからではないかとみています。そこで何度も山本に組織的犯行ではないかという質問を繰り返しましたが、彼は、黙秘権を行使しながらも『一切、ありません』と、完全否定した……」

だが、検察側は、あくまでも組織的犯行との見立てを放棄していない。この公判の論告でも犯行動機を、『自己の所属する組織のために』、そして『みずからの組織内での栄達を図ることにあった』として、無期懲役を求刑した。一方、弁護側は事件発生から5日後の出頭が刑の減免を可能にする自首にあたり、有期刑が相当と訴えた。

ヒットマン・山本英之は、終始、冷静だった。法廷で遺族への反省の弁を述べ、長期服役が科せられることを自覚している旨の証言をしている。すでに覚悟が決まっているのだろう。

移籍をめぐる刺殺事件

平成28年8月19日、宮崎の池田組傘下組織の組事務所付近で乱闘が起こり、六代目側の傘下組員が刺殺される事件が発生した。池田組の若頭射殺事件から、まだ2ヵ月余しかたっていないこともあり、ついに本格的な抗争が起きてしまうのではないかと、極道界に緊張が走った。

事件の発覚は、同日午前零時50分、「10数人がケンカをしている」との通行人からの110番通報が発端だった。

集団乱闘を告げる通報を受けた宮崎北署員が現場に駆けつけると、路上にうずくまる男の腹部から大量の血が流れだしていた。六代目山口組系四代目石井一家（生野靖道総長）の井根組に所属していた本田真一元組員である。

路面にはおびただしい量の血痕があり、事件の凄惨さを物語っていた。現場には本田元組員の知人男女が各2名ずついるのみで、乱闘の相手はすでに姿を消していた。事件の経緯について、取材にあたった新聞記者は、次のように語っている。

「本田元組員は、現場付近にある神戸山口組系池田組傘下の志龍会本部事務所前を通ったんだそうです。そこで志龍会の組員と偶然鉢合わせをし、もめ始めた。最初は口論程度だったが、双方がエスカレートしていき、集団乱闘へと発展してしまったんですね。最終的には刺殺事件へと……」

本田元組員は、息も絶《た》え絶《だ》えになりながら、現場近くの住宅の庭に入り、救急車を呼んでほしい旨を伝えている。その後、彼は市内の病院に搬送されたが、午前7時5分、死亡が確認された。死因は失血性ショック死だった。

同日昼過ぎ、被害者が元極道だったとの情報が県警サイドから流されたことで、抗争の可能性は低くなったが、緊迫した事態となったのには理由がある。山口組ウォッチャーが、その辺の事情を、次のように解説する。

「もともと志龍会は石井一家傘下の組織で、池田組に移籍した際に現在の組織名に改称したのです。神戸山口組側の宮崎県内での切り崩し工作では一役買い、石井一家からもいくつかの傘下組織が志龍会に加入しています。

被害者が元組員とはいえ、分裂を機に対立する組織間で起きた事件であり、さらには元・石井一家同士の衝突だったということで、周囲が受けた衝撃は相当なものでしたね」

こうした因縁を持つ志龍会本部事務所周辺に、本田元組員が無頓着に近づいたことが、そもそものトラブルの発端だった。

事件が起きた直接の原因については諸説が飛びかっている。前出の山口組ウォッチャーの解説を紹介する。

「被害者の本田は復縁した現役組員で、積極的に石井一家に対して挑発行為を仕掛けていたために報復を受けたという情報がありますね。でも、当局は信ぴょう性が低い情報とみています。挑発行為をする際に女性を連れて行くというのが不可解だからですよ。もちろん、被害者が無意識に発した言動を、挑発と志龍会側に受け取られた可能性は残りますけどね。この事件を受けて六代目側では、軽率な行動に出ないようにという通達を出したそうです」

　事件発生から3日後の8月22日、この乱闘で暴行を加えた暴力行為等処罰法違反容疑で宮崎県警は、池田組傘下志龍会の谷口健幹部、同会藤野悟組員を逮捕した。さらに同25日に同容疑で志龍会の齋藤信也幹部、同会の田中克明組員が逮捕され、同日午後に岡山市内の池田組本部事務所に宮崎県警が家宅捜索に入った。前出の新聞記者が説明する。

「志龍会は分裂後に石井一家から池田組に移籍しており、逮捕された幹部と被害者の本田は元・石井一家同士でした。本田は宮城に移住して解体業に従事していましたが、今回逮捕された幹部の中には現役時代に弟分としてかわいがっていた者もいて、宮城に帰省するたびに『極道をやめるならちゃんとケジメをつけろ』といっていたそうです。事件当日も、何かを話すために志龍会本部事務所に行ったのではないでしょうかね……」

　これまでに石井一家と池田組との間には移籍をめぐる禍根が残っているだけに、単純な暴行傷害致死事件とは思えないと、前出の新聞記者が、つぶやいていた。

話は前後するが、同年6月25日、司忍六代目に常に付き従っていた三代目弘道会直参の原田茂夫組長が詐欺容疑で警視庁・荒川署に逮捕された。容疑は実にセコイものだったが、弘道会を締め上げるにはそれなりに意義があった。警視庁詰めの新聞記者が証言する。

「原田組長はヤクザであることを隠して平成22年にインターネット銀行で自分名義の口座を開設したんです。その際にログインに必要なｉＤカードやパスワードが書かれた手紙1通をだまし取った疑いがかけられています。警視庁は原田組長が司六代目の側近であることから、銀行口座を組織が使用するための開設だったという線で追及しています」と。

普通、ヤクザが銀行口座開設の詐欺容疑で逮捕される時、当局は通帳やキャッシュカードをだまし取ったという形で逮捕する。今回のように手紙をだまし取ったとする容疑からも、なんとしてでも原田組長を逮捕したかったことがわかる。

原田茂夫組長は、髙山清司若頭が弘道会内に創設した髙山組の出身である。長らく髙山若頭の運転手をつとめた後、彼の信頼を得て司六代目が山口組の当代となる前から、ボディガード兼秘書役に抜擢された。山口組ウォッチャーが、次のように解説する。

「原田は池田組若頭を殺った刺客と同じ髙山組出身者です。警視庁の狙いは、この辺りにあるのかなぁ。ところで彼は、司六代目がスーツの時は自分もスーツ姿に。六代目がラフな格好の時には、自分もそれに合わせる。事前に司六代目の用向きを知らされるほど信任が厚い。分裂以降の司六代目の行動が確認できれば、事件への関与も解明できて、突き上げ捜査が可能になるかもしれない。当局が側近を狙い撃ちしたのもうなずける話ですね」と。

山口組報道を続ける週刊誌の記者は、こんなふうにいう。

「司六代目が事件の詳細を知る立場にないことは警察もわかっているはずです。それに原田組長は肚の座った男でしてね、雑談ぐらいには応じるかもしれないけど、余計なことは一切しゃべらないと思いますよ」と。

そうした中の平成28年6月27日には、原田組長の詐欺事件関係先として名古屋市の弘道会本部に警視庁が約50人体制で家宅捜索に入った。

当局が弘道会を狙うには理由がある。

六代目山口組の有力組織であることはむろん、分裂による数々の抗争事件において中心的な存在になっているためだ。

その中でも衝撃的だったのが、池田組若頭射殺事件である。

第三章

司忍組長引退説の深層

直参たちの苦しい懐事情

平成28年12月現在の六代目山口組の直参数は54人である。警察庁のデータによると、そのうちの8割超が引退したいと考えているそうである。理由は、当局側の締めつけによる組内外の閉塞感と、カネづまりである。山口組を30年以上も取材し続けてきたウォッチャーが、彼らの経済について語る。

「財政が豊かなのは弘道会をトップとしてほんの数団体だけですよ。その他の直参は出銭（出費）を工面するのにヒイヒイいってますよ」と。

彼が続ける。

「田岡一雄三代目時代の会費は2000円でしたが、竹中正久四代目の時代は10万円に増額された。そして渡辺芳則五代目時代は80万円まで上がった会費を50万円まで下げた。そして冠婚葬祭は最低限に、中元歳暮も取りやめろとなったんです。

ところが司忍六代目時代に入ると、50万円だった会費が85万円までアップした。さらに積立金30万円が上乗せされ、ついに100万円の大台を超え、115万円まで暴騰しました（平成27年11月5日の定例会で会費は値下げされた　筆者注）。これに盆暮や六代目の誕生祝いの金が加わるから、彼らにとっては背負いきれないほどの負担になったのです」と。

六代目山口組では、お中元の時期に全直参が5000万円を拠出して司組長に贈る習慣がある。同じようにお歳暮の時期には1億円、彼の誕生日にも1億円贈っている。ついでながら付け加えると、渡辺五代目は、総本部からお小遣いとして毎月５００万円を受け取り、この中から10数人の本家部屋住み若衆に1人20万円の月給をわたしていた。

さて、こうした直接的な出費以外にも前述したように、日用雑貨を購入しなければならないから、あれやこれやで六代目側の直参たちは、年間３０００万円ほどの出費を強いられているのである。いま、こうした負担が、ボディブローのようにきいて、直参たちを苦しめているのだ。

それにしても、なぜ、これだけの大金を司忍組長に贈るのだろうか。前出の山口組ウォッチャーが解説する。

「司組長が直参たちの月会費などで生活するのは、当代になったことで、自分の組織とシノギを手放したことの代償と考えられているからです。

組長がシノギに精を出せば出すほど、警察に逮捕される危険が増すという考え方が、その底流にあります。仮にシノギがきっかけになって逮捕でもされれば、組織全体の運営に空白ができますからね。それを避けるために組員の拠出金で生活をさせるということのようです。それにしては、あまりにも大金すぎますけどね……」

ちなみに神戸山口組側の会費は役職者が30万円、中堅が20万円、ヒラの直参は10万円だ。お中元やお歳暮などは禁止である。両山口組組員の上納金支払い額には、これほどの違いがある。

平成15年9月、政府は「犯罪対策閣僚会議」で、ヤクザを社会から排除していくことを決定した。それ以降、法律や政令を駆使して徹底的に彼らを締め上げる。銀行口座は作れない、マンションの賃貸契約はダメ、携帯電話の加入もアウト。妻子までも暴力団の共生者と見なし、取り締まりの対象とする。これだけがんじがらめにされているから、彼らは、正業を持とうにも持てないのが現状なのである。

六代目山口組の中堅クラスの直参が、眉間に深いしわをよせて、こういう。

「六代目に代替わりして10年。この間に暴対法が2度も改正され、わしら極道と商取引をしちゃぁいかん、頼みごとはまかりならんという暴排条例もできた。こうして締めつけが厳しくなる中、シノギを失った若い衆が逃げ出していく。五代目時代には80人からいた若衆が、今じゃ30人を割るところまで組が縮んでしもうた。こんなだから、あがってくる会費は減る一方。なのに本部に吸い上げられるカネは待ったなしや。もう、先が見えん状態ですわ……」

前出の山口組ウォッチャーも、直参たちの苦しい懐事情を、次のように代弁する

「彼らを締め上げるいろんな法律ができたけど、それ以上に彼らを苦しめているのは、この分裂による当局側の監視強化だね。

分裂前までは債権回収や会社整理とか地上げ、土地ころがし、不動産売買など、うま味のあるシノギが結構あったんですよ。一仕事で数千万円も稼いでいましたからね。

分裂前に、こんなことがありました。

『おまえ、1億の現ナマを見たことあっか？　100万円の束をペタッと並べると、この座布

団と同じ大きさや』と、満面の笑みを浮かべて、自分が座っている座布団を指さして私に話していた直参がいました。シノギで稼ぎ出した金高《かねだか》を、そんなふうに誇示したんですよ。ところが分裂後、彼らの仕事を前さばきする共生者が、警察の目を恐れて姿を消してしまったせいで、大きなシノギはゼロになってしまいましたね。そのせいで自分の住まいを担保に入れて金を工面していたんでしょう、金利がしんどいわ、と泣いていましたよ」

分裂騒動は、直参たちの懐にダメージをあたえていると、この山口組ウォッチャーは指摘している。

こんな厳しい経済環境でも極道の看板を張っている手前、上部組織から指令があれば、相手側の切り崩し工作や情報収集活動をしないわけにはいかない。両山口組の事情に精通している別の山口組ウォッチャーが、次のように証言する。

「先日、神戸山口組系列組織の幹部が、『埼玉県の田舎道まで詳しくなった』というので、その理由を尋ねたら、六代目側の組織の偵察で動き回っていたというんだ。でも、その幹部が自分の事務所にもどったら、『目の前の駐車場に不審車両が止まっていて、中から数人の男たちが自分を監視していた』って、冗談めかして話していたが、笑えませんでしたね。

実際に六代目側の人に聞くと、『分裂前の名簿を基に神戸山口組系列組織が活動中なのか、休眠中か、あるいは移転したのかをリストアップした』というから、両方の山口組は互いにぎりぎりの諜報活動をしているんですよ」

捜査当局が、二つの山口組を「抗争状態」にあると認定してからは、各警察本部が集中取締本部を創設し、厳戒態勢を敷いて警戒している。大手紙の記者が証言する。

「警察の締めつけは、かなり厳しくなってますね。車両を組事務所に突っ込ませる事件が多発しているため、常時パトカーが張り付いている組もありますよ。中には自宅まで捜査員が張り付いている直参クラスもいて、『帰宅すると近所が騒がしくなるから家族のもとにはしばらく帰れない』といっていた直参もいました。そうかといって、ずっと事務所にいるわけにもいかないらしい。ある直参が『自分が事務所にいる時にカチコミでも受けたら、親分の顔をつぶしやがったといって、組員が突っ走ってしまうから』と、組事務所には寄りつかないようにしているそうですよ」

血の匂いが絶えない修羅の世界に生きる極道とはいえ、気の休まる時間は徐々に減ってきているようだ。

そのせいか、分裂劇が招いた抗争の早期終結を望む声も聞かれる。別の山口組ウォッチャーが、解説する。

「二つの山口組が抗争状態になっていることで、上部組織から若い衆の動員がかかり、持っていかれてしまうんですよ。そのうえシノギもままならない。『あと2年、この状態が続けば、うちの組は破綻する』とこぼす3次団体の組長もいるくらいですからね」と。

抗争なんてしたくないのが彼らの本音だと、同ウォッチャーは断言する。

二つの山口組内に漂う厭戦《えんせん》ムードには、もうひとつ理由がある。独立系組織の幹部が声をひそめて、こう語る。

「内部の者は皆、今回の抗争は弘道会と山健組のケンカだと思っているよ。だから、一歩も二歩も腰を引いている組織が多いね。口に出してはいわないけど、おれたちを巻き込まないでくれというのが、彼らの本音だよ。六代目側のある直参は、『弘道会がまいた種なんだから、あんたたちだけで尻拭いしてくれ』と、吐き捨てるようにいってたよ」と。

弘道会は司六代目の出身母体であり、山健組は井上邦雄神戸山口組組長が兼任してひきいる組織である。どちらも全国に傘下組織を多く持つ有力組織である。ここでアサヒ芸能誌がまとめた興味深いデータ（平成28年4月22日時点）を紹介しよう。

六代目側が受けた車両特攻9件のうち4件が弘道会傘下組織に対する攻撃だ。一方、神戸側が受けた車両特攻6件のうち4件が、また、発砲事件6件のうち4件が山健組傘下組織への攻撃である。実に半数近くから6割ほどが、弘道会および山健組を攻撃対象とする事件なのだ。

前出の独立系組織の関係者が語る証言が裏付けられたといえよう。

離脱した組員の本音

分裂後に組織を離れた極道の声を報告しよう。どちらの組織から離れたのかは、証言者の安全を考えて触れずにおく。

平成28年8月26日付の毎日新聞大阪版夕刊は、「どちらにも正しい理屈なんてない。アホらしくなった」と、離脱組員の声を書く。同年8月27日付の産経新聞大阪版朝刊は、「代紋を背負うメリットは正直、薄いわな」と離脱の動機に触れる。

メディアに登場した両方の山口組系組員たちは、いずれも分裂と渡世への嫌気を口にしている。前出の2紙だけではなく、テレビのニュースにも元組員たちは登場し、極道組織への嫌悪感をあらわにしていた。

では、各メディアが伝えるように、分裂を機に渡世に嫌気がさした極道たちが急増しているのだろうか。

数ヵ月前まで関東地方の4次団体の組員だった30代の男は、極道になってから日も浅かったこともあって、さっさと分裂後に離脱した。

彼はいう。

「今日はあっちへ行け、明日はこっちだと、とにかく組の都合で将棋の駒のように動かされて嫌になってしまった。それに分裂後、こっちの事情も無視して、しょっちゅう組事務所に集められる。そんなことが苦痛になって結局、組から逃げたんです。相手方に移籍したわけじゃないから、別段、おとがめもなかったですよ。ただ破門状だけは出たみたいですけどね」

彼のあっけらかんとした表情からは、すでに終わったこと、とでもいっているように見えた。

もう1人、関東地方の末端組織に所属していた極道の場合。

「枝の先の葉っぱみたいな小さな組織だけど、直参の系列なので肩を怒らせて渡世を張っていました。組の名前をいえば相手の尻持ちをしている組織も顔を立ててくれ、キリトリ（債権回収）などのシノギも順調でした。

ところが分裂以降、警察の目が厳しくなり、キリトリを依頼してくる客がいなくなってしまった。分裂のとばっちりを受けたくないからでしょうね。

今まで長い付き合いがあった飲食店なんかも、観葉樹などを置かせてくれなくなりました。このため2万円の会費が滞るようになり、当番や月寄り（会合）のために組事務所に出向くガソリン代にも困るようになってしまったんです。

私には女房子供がおりますんで、稼ぎのない極道渡世を続けていくわけにもいかず、いまは鉄工所で汗を流してます。親分には何もいってないので、呼び出しがくるかもしれません。でも、自分の判断は間違っていなかったと思っていますね」

この2人の元組員のように、親分や兄貴分に無断で足抜けする若い衆は、分裂以前にも存在した。古典的な組織離脱方法ともいえるだろう。

もっとも、分裂をより重く受け止めた座布団の多い（上位者）立場にあった元極道では多少事情が異なる。

関西地方で活動していた有力組織の幹部で、３次団体の組長だった極道は、次のように証言する。

「新聞テレビの報道を見るかぎり、暴排条例や分裂やらで、シノギに窮して足を洗ったという筋書きの報道が多いが、これはマスコミが警察の尻馬《しりうま》に乗って書いてるだけやろ。わしはシノギに困ったことなどあらへん。菱の看板をはずしても食っていけると判断したからやめさせてもらっただけや。

分裂後は、確かに組に呼び出されることが増えて、シノギに支障が生じるほど負担が増えたことは事実や。また、若い者の中から逮捕者が出れば弁護士費用や差し入れやらで、出銭も増えるしな。だが、極道をやっている以上、それくらいの負担でやめる奴はおらんよ。菱の看板でメシを食っている極道が、組のために汗をかくのは当然のことやんか。そうは思わんか」

それならば、結束して組を盛り立てていく道はなかったのか。前出の極道が、いう。

「わしの周辺で同じ頃にやめた者の中には、あっちへ移籍したやつもおったよ。そん時、偉いさんが本部から飛んできて、わし、いろいろと事情を聴かれましたわ。

そん時、わし、いいましたわ。

『大事なシノギだけに専念したいからやめるのであって、組の方針や極道の身分に不満があるわけやない。心の中は、いつまでも山口組や』とね。そしたら大幹部もわかってくれて、『陰ながら応援している』というてくれましたわ」

この極道のいっていることが事実なら、菱の代紋も相当軽くなったようである。看板がなくとも食っていけると、胸を張って言い切っているのだから。

今年3月に両山口組系組員の乗る乗用車が神戸市内で追走劇を繰り広げた、いわゆる「神戸カーチェイス事件」では双方ともに多数の組員が起訴された。その初公判の法廷で、六代目山口組系の組員は「家族のためにヤクザをやめたい」と語った。

地元の大手紙記者が解説する。

「情状酌量を得る目的であったのか、検察側の説得に応じてのことなのか、そこら辺の経緯はわかりませんが、この組員だけが六代目側では唯一、執行猶予付きの刑が求刑されましたね。裁判官が離脱の意志が固いとみたのかもしれません」

このように、分裂以降、親兄弟といった家族が組織離脱を強く願うケースが増えてきているという。

警察庁のまとめによると、平成28年3月時点で六代目側の組員は約5700人（準構成員6700人）。一方、神戸側は約2600人（準構成員2900人）である。分裂前の平成26年末時点と比べて、合計2000人近くの組員が組織を離脱した計算になる。

たとえ組織からうまく離脱できても、彼らには、次の試練が待ち構えている。就業である。

警察庁のデータによると、平成27年までの10年間で、警察などの支援で離脱した元組員は約6120人いるが、実際に就労についたのは、たったの147人だけである。

前出の新聞記者が解説する。

「その理由は単純明快ですよ。もともと極道というのは、勤労意欲がゼロに近いんですよ。仕事もしないで、ただゴロゴロしていたいというように。だから、就職してもすぐにやめてしまう。その後は食うに困って昔の仲間とつながりを持ち、覚せい剤など非合法なシノギに手を出してしまう……」

その実態をうかがわせるデータがある。

警察庁によると、富山県警が集計した分裂後の県下の両山口組系組織数は10から5に半減したという。

しかし、双方の構成員と準構成員は310人から20人しか減っていない。これは特定の組織には属していないが、「個人的に極道として活動している者が60人いるためで、消滅した組織の元組員が隠れ組員になっている証明だろう。心情は現役という元組員が多いのでは」と、地元新聞記者は解説する。

山口組の分裂は、極道の潜在化を助長しているのかもしれない。

容赦ない金銭の吸い上げ

平成28年4月7日付の夕刊フジに掲載された記事が、同紙ウェブ版では、「山口組で異常事態続出　直系組織が資金難で吸収」との見出しが掲げられてネット上を駆けめぐった。

この記事は、警察関係者の情報をもとに、六代目山口組の光安克明若頭補佐がひきいる光生会が、二代目伊豆組（青山千尋組長・六代目山口組舎弟頭）に吸収され、光安会長は若頭補佐の座を追われたと報じた。

前出の夕刊フジのネット記事は正鵠《せいこく》をついていた。

光生会は、池豊若頭が二代目を継ぎ、伊豆組の若頭補佐に就任、同組の傘下組織となった。直系組織が直参の一系列組織になったのである。光安克明初代会長は、1人親方となって同組の相談役に就任した。

光生会と伊豆組の間には、長くて深い関係がある。

光安克明は、昭和34年11月生まれの58歳で、伊豆一家の出身である。同一家では若くして若頭に就任した。同57年に伊豆一家総長・伊豆誠一の実子となった。この「実子」は、いわゆる極道業界でいうところの「実子分」のことではなく、戸籍上の縁組を行い親子関係としたものであった。

この義父にあたる伊豆誠一も、かっては初代伊豆組組長の伊豆健児の実子となった経緯があり、二代にわたっての実子縁組は、この世界でも極めて珍しい事例であった。

平成13年、伊豆誠一の病気引退に伴い、その地盤を引き継ぐ形で光生会を結成し、同年12月に五代目山口組の直参に昇格したのである。当時、山口組九州地区における最年少直参と話題になった。

直参昇格から4年後、六代目山口組発足と同時に執行部への登竜門として新設された「幹部」に昇格、組長付に指名された。

さらに平成25年には若頭補佐に昇格。その後、山口組九州地区のブロック長をつとめていた。山口組ウォッチャーは、次のように証言する。

「若くして直参になったのだからしょうがない面はあったけど、『弘道会とズブズブの関係だ』と揶揄する声が、直参たちの間に渦巻いてましたね。結果的にはこれが命取りになるんだけど……」

初代光生会の構成員には、伊豆組が当事者となった道仁会との大規模な抗争、いわゆる山道抗争の武勲者が多く含まれていた。それらのうちの4名が長期刑を経て出所してきた平成18年から同20年にかけては、伊豆組主催による放免祝いが伊豆組本部で行われている。

わけても同20年2月に行われた刑期20年で出所した光生会幹部の放免祝いは盛大なもので、二代目弘道会をひきいる髙山清司若頭、二代目宅見組の入江禎総本部長、四代目山健組をひきいる井上邦雄若頭補佐ら山口組執行部の最高幹部に加え、全国各地の直系組長合わせて約50名が顔をそろえた。

さらに山口組の親戚団体・三代目福博会の長岡寅夫会長や二代目親和会の吉良博文会長なども出席した。この頃が初代光生会の最盛期だったのである。

それにしても現職の執行部メンバーが役職を退き、他の直系組織の傘下に入るのは異例の事態である。警察関係者も次のように驚きの声をあげる。

「トップが引退するのならともかく、本家の執行部につとめていた親方が、そのまま同じブロックの最高幹部のところに加入するのは、山口組始まって以来のことじゃないか、驚くとともにあきれたね」と。

九州の独立系組織の幹部が、いう。

「もともと九州っていうところは、地元意識の強い地域だけに、山口組のブランドは他の地域ほど通用しないんだな。シノギに窮することもあっただろうな。

しかし、それ以上に分裂の影響が大きいと思うよ。九州では神戸山口組の切り崩し攻勢が激しく、一部の六代目山口組系組織からの離脱があったからね。九州ブロック長の光安会長は責任を痛感していたのかもしれんなぁ」と。

光安克明若頭補佐の執行部退任情報は、1ヵ月ほど前から極道の間でささやかれていたという。山口組ウォッチャーが、次のように解説する。

「あそこの組織は野球賭博とシャブがシノギの2本柱でね。分裂以降、警察の監視が厳しくなったせいで、賭博の客がガタ減りしたんだな。

そのうえ神戸山口組系組織との対立もあって、博多の街の飲食店からのミカジメ料も枯れてきたんだ。光生会組員から聞いた話じゃ、かっての10分の1ほどにまで、〝あがり〟が減ってしまったという。

そんなところにN会ルートで流れてきていたシャブが、今度の分裂騒動で蛇口が閉じられた。これで光生会は完全に干上がってしまったというわけだ」

別の山口組ウォッチャーが、カネの問題について、このように証言する。

「あそこの組織は幹部の1人がシャブで稼いでいたが、そいつがカネに困ってギブアップすると、とたんに光安さんの経済が大きく傾きだしたんだな。一時は金庫の中に現ナマが2億も積まれていたほど組の台所は豊かだったのに。カネの問題に苦しむ彼は、〝禁じ手〟に手を染めてしまう。つまり、竹内照明若頭補佐から2000万円ほど融資を受けて、やりくりを続けてしまうんだな」

そして、続ける。

「当初、私は竹内若頭補佐が仲間を救助したんだなと思っていたが、よくよく聞くと月利6%の利息付きだったというんだな。年利に直せば72%の高金利だ。弘道会ってとこは、仲間相手にヤミ金で稼ぐのかと、のけぞりましたよ。極道同士のカネの貸し借りは、普通、月2〜3分が相場なんですから」と。

この融資話が事実だとすると、２０００万円に対する月６％の金利だと、毎月支払う利息だけで１２０万円にもなるのだから、光生会の台所が火の車になるのもうなずけるというものだ。

この他にも光安克明会長は、弘道会直参の稲葉地一家からも借金をしているという情報がある。前出の山口組ウォッチャーが、いう。

「晩年の光生会の月々の収入は約３００万円ほどと見られていますす。それに対して会費や〝ヤミ金〟の金利などで、月々の支払額は８００万にもなっていたそうです。これじゃ首が回りっこありませんよ」と。

カネの悩みに切り崩し攻勢を受けた光安会長は、浮かぬ日々を過ごしていたことが傍目《はため》にも明らかになっている。別の山口組ウォッチャーが証言する。

「総本部での光安は、いつも１人っきりでしたね。仲の良い直参仲間や慕ってくれる新米直参もいなかった。無口な性格だったせいもあるでしょうけどね」

そして、続ける。

「総本部の居心知が悪かったのか、一日に何度も総本部の玄関口のところに出てきて、配下の者を携帯電話で怒鳴ってましたね。この頃から絶体絶命のピンチを迎えていたんだなぁ」と。

こうしたところに神戸山口組の切り崩し攻勢を受け、同会から幹部たちのひきいる組織が続々と流出しだしたのである。

兵庫県警の関係者から得た情報をもとに、流出が噂される組織の移籍先を箇条書きにして紹介する。
小政組（光生会顧問）→四代目山健組
二代目中川連合会（若頭補佐）→四代目山健組
太白会（若頭補佐兼組織委員長）→池田組（神戸山口組舎弟頭）
克己会（本部長）→山健組傘下小政組
二代目健誠会（舎弟頭）→山健組傘下小政組
この他には、若衆の大部分が四代目山健組傘下小政組に移籍したといわれている。したがって、二代目伊豆組に移った光生会組員は、ごくわずかということになる。
直参クラスでも経済が立ち行かなくなった組織があるくらいだから、当然、直参を支える3次団体の組長の懐具合も厳しい。
平成29年1月31日、三代目弘道会の城下町である名古屋市内に本拠を持つ四代目山健組の若頭補佐で、同組中京ブロック長をつとめる二代目松藤組組長の藤森吉晴が市内の自宅で首つり自殺をした。
愛知県警によると、同組の主なシノギはダフ屋だったというから、そんなに豊かな極道ではなかったとみられる。
同組の周囲は三代目弘道会で固められているため、他のシノギもうまくゆかず、上部組織に上納する会費が払えぬほど経済的に追い込まれたのが、自殺の要因のひとつと同県警ではみている。この悲劇の少し前に藤森は、同組大幹部Tに跡目を譲っていることからみて覚悟の自殺だったと思われる。

分裂が招いたこの悲劇について、元・山健組若頭補佐（のち、任侠山口組本部長補佐）の金澤成樹が、次のように解説する。彼の報告内容は微妙な部分にふれているので、読みにくいかもしれないが、彼の言葉通りに再現する。

「本年1月31日、名古屋で自決した山健組中京ブロック長・藤森吉晴若頭補佐のことは、皆さんのご記憶にも新しいと思います。藤森ブロック長がなにゆえ自らの命を絶つようなことになったのかをご説明します。

昨年9月、藤森ブロック長は、分裂以降、名古屋という土地柄もあり、組のシノギがほぼできなくなったということもあり、経済的に行き詰まり、会費を滞納するという状況になっていました。

そして、それを払える目安のない中で、意を決して山健組本部にあがり、その窮状を訴え、役職を降ろさせてほしいと、松藤組跡目のTと一緒に、お願いに行ったそうです。

その時対応したのは伏見繁造若頭、與則和本部長、中田広志若頭代行の3人だったそうです。

その3人と藤森ブロック長の4人で約2時間ほど話をした後、別室で待たされていたTが呼ばれ、その三役から『藤森の会費滞納額が150万ほどある。Tよ、先代が困っとるんやから、なんとか助けてやれんのか』といわれたそうです。

Tは、『先代を助けたいのはやまやまなんですが、いまの私にはその余裕はありません。何とかして作れといわれるなら、事務所を処分して金を作るくらいしかないんです』と返答したそうです。

すると、伏見若頭が、『事務所は山健組の出城やから売ることなんかできんやろ』といった後、驚くことに『事務所を担保にしてカネを作れんのか』といったそうです。

Tは「わかりました。借りられるかどうか頑張ってみます』としかいえず、藤森ブロック長と名古屋にもどり、数日かけて走り回り、カネを出してくれる人を探したそうです。

しかし、いまのご時世、ヤクザの事務所を担保にカネを貸してくれるような人はなかなか見つからず、伏見の頭に連絡を入れ、『貸してくれそうなところを探しましたが、どこも貸してくれませんでした』と報告したそうです。すると、伏見若頭は『中田広志代行が担保でカネを出してくれるところを知っているそうやから、こっちで動いてもええな』といい、中田代行の若衆である名古屋在住の健竜会・N氏という男からTに連絡が入り、事務所担保の融資をするための作業に入ったそうです。

そして、中田代行がいってきた条件が、1000万円以上の評価がある物件にもかかわらず500万なら出してもいいと先方がいっているが、それでもいいかと聞いてきたそうです。

藤森ブロック長、Tにしてみたら、会費の未納200万近くを払えといわれて、無理だとギブアップしている状態で、その2人に選択の余地などあるわけもなく、『お願いします』となったそうです。しかも、その後、『金利がつくんですが3分です、いいですか』といってきたそうです。当然、否をいえるはずもなく『お願いします』となったそうです。

しかし、毎月15万円の金利を藤森ブロック長はもちろん、Tも払うことができなかったため、その旨を伝えると、『それなら金利は3年据え置きで、3年後に元金と金利3年分を一括して払ってください。その代わりに抵当権ではなく、所有権に変えてもらいます』といって、去年の11月28日に松藤組事務所の所有権が、Tの名義から健竜会・中田広志若頭代行の若衆名義に代わっているのです。

これが同じ身内・仲間のやることですか。

分裂以降、敵地・名古屋で命がけで頑張っている者から会費を取るというのも酷なことですが、それを滞納したからといって、事務所をカタに押さえますか。

誰に聞いても、これは仲間のすることじゃないといいます。山健組執行部3役、そろいもそろってこんなことを進めて、親分（井上邦雄四代目山健組組長の意）がそれを知らないと思いますか。こんなことをしておきながら、報告をしていないことなどあり得ないです。

自分で戦争を仕掛けておいて、最前線で戦っている兵隊から兵糧も武器も取るようなことではないですか（後略）」

四代目山健組の会費徴収の厳しさについて、元山健組幹部・久保真一（のち、任侠山口組本部長補佐）の告白を報告する。

「一昨年8月の神戸山口組結成日の翌日8月28日に、山健会館4階の大広間で、当時100名以上の山健組直参が集合した席上での四代目井上組長の発言内容から説明させていただきます。

まず、名古屋方式の悪政の数々、中でも多額の会費徴収プラス日用品や雑貨など、あの手この手の吸い上げ、組員の顔を見ればカネ、カネ、カネという執行部の姿勢、篠原（総本部の意筆者注）の現状を長々と説明した後の言葉が、『不本意ながら山健の皆さんには、カネの苦労をさせざるを得なかったのだ。これからは山健組の皆さんには、そういった無駄なお金の苦労をしてもらわなくてもよい。会費も下げられる』と。

そういったにもかかわらず、分裂以降、フタを開けてみたら一向に金銭の吸い上げは止まらず、会費と年8回の臨時徴収、さらに登録組員1名につき1万円を徴収するという名古屋方式の上を行くようなお金の吸い上げをその後も続けており、多額の使途不明金の詳細もわからないまま、山健組員においては、財産すべてを持っていかれるような思いを持ち続けていた次第です。あの8月28日に皆に頭を下げ『皆さん、もう少し私にヤクザをさせてください』と号泣しながらの所作は何だったのか。今となっては頭を傾げる次第です（後略）」

山健組の会費の高さは昔からのものだったが、ここにきて分裂後の抗争事件で逮捕者が続出し、さらに高くなったのかもしれない。

私には、分裂騒動に巻き込まれた者たちの悲鳴のようにも聞こえる。

会津小鉄会を巻き込んだ代理戦争

六代目山口組分裂のとばっちりを、もっとも強烈に受けたのは京都の老舗組織・六代目会津小鉄会だ。順を追って説明する。

会津小鉄会で異変があったのは平成29年1月10日午後だった。一通の書状が六代目会津小鉄会から他団体に向けて送付されたのである。

その内容は、「この度、後進に道を譲るべく、原田昇（同会若頭　筆者注）をもって七代目会津小鉄会会長とし、不肖私の跡目とすることと決定いたしました」と、代目継承を告げるものので、1月10日付だった。馬場美次・六代目会長の押印もあった。

馬場会長は、詐欺罪に問われた裁判で、前年12月9日に京都地裁から懲役1年の実刑判決を受けていた。即日控訴したが判決文の一節に「馬場会長は組織離脱の意志を示している」とあった。

しかし、この書状送付直後から「馬場会長は継承を承諾していないようだ」あるいは「原田若頭が弘道会と仕組んだクーデターらしい。継承盃の儀式を強行しようとした矢先に、馬場会長は退出していったそうだ」などといった不穏な情報が飛びかった。

会津小鉄会事務所付近の住民によると、前日に弘道会の拠点がある中京ナンバーの車両が、会津小鉄会本部につめかけていたという目撃情報もあった。代目継承の書状が作られた10日に弘道会最高幹部が京都を訪れている事実もある。山口組ウォッチャーが語る。

「馬場会長は六代目山口組の髙山若頭の後見を受けているのだから、その後見人の出身母体の弘道会最高幹部が話し合いをするために訪問したと聞いている。実際に馬場会長が引退と代目継承を了承し、執行部の一部も反対しなかったから、書状が送付されたということじゃないのかな」と。

翌11日、こうした不穏情報は動乱へと発展していくことになる。

同日午前5時頃、四代目山健組の大阪地区を中心とした組員約50人が集結し、馬場会長に賛同する会津小鉄会組員とともに会津小鉄会本部に乗り込み、「お前らうそつきは出ていけ」と原田若頭支持派を糾弾し、本部事務所になだれ込んで占拠した。

このもみあいの最中に事態が急変する。

再び会津小鉄会から書状が各組織に送付されたのである。

「訂正とお詫び」と題されたこの書状には、「後継者に原田昇となっておりますが、まったく私の知る所ではございません」と代目継承を否定し、そのうえで原田若頭を「絶縁」とすることが記されていた。先の書状と同じ1月10日付となっており、本部事務所に帰還した馬場会長の直筆の署名がなされていた。

この書状が送付された頃、本部事務所付近の緊張が、一気に高まっていく。

同日午前11時前に弘道会の野内正博若頭補佐と南正毅幹部ら約30人の組員が車両で付近に到

着した。

弘道会の野内若頭補佐は、会津小鉄会の本部玄関前までにじり寄り、警備についている警官に対して、「原田の会長に七代目が決まっているのに、なんでやめないんや。そんな親分、どこにおるんや」とまくしたてるが、本部事務所内に入ることは許されなかった。

彼が引き上げると、入れ替わるようにして六代目山口組直参の四代目吉川組・吉村俊平組長が組員約10人とともに現れた。制止する捜査員と押し問答を始めた。

ちょうどその頃、神戸山口組の正木年男総本部長（正木組組長）、剣政和若頭補佐（二代目黒誠会会長）、雄成会・髙橋久雄会長が会津小鉄会本部に向かった。六代目山口組とのバッティングが危惧されたが大事には至らなかった。その後も神戸側の太田守正舎弟頭補佐（太田興業組長）と二代目古川組・古川恵一組長が姿を見せている。山口組ウォッチャーが証言する。

「示威行為というよりも、本部を占拠する馬場会長側組員への応援だと思いますよ。米や食料が大量に事務所内に運び込まれていましたから……」

同日午後2時過ぎ、神戸山口組直参ら組員20人が一斉に退出を開始した。その10分後には馬場会長が多数の組員にガードされて本部を後にした。

馬場会長退出を見届けた正木や剣ら神戸側の大幹部らも午後3時前に引き上げて行った。府警の説得に応じたのである。こうして2日間の動乱は、ひとまず幕を閉じた。

今回の騒動は、山口組分裂と密接に関連している。

前述したように、六代目会津小鉄会と六代目山口組は親戚関係にあった。それは分裂から1ヵ月後の平成27年9月25日に馬場会長は原田若頭らとともに山口組総本部を訪れたことからも明らかである。

だが、その3ヵ月後に馬場会長は、四代目山健組本部を訪問、同年6月には弘道会傘下組織のヒットマンに射殺された池田組・高木昇若頭の本密葬に参列するなど、神戸側との関係を深めていった。

一方で六代目側との関係は疎遠になっていった。山口組ウォッチャーが解説する。

「昨年（平成28年）7月の暑中の挨拶回りでは、山口組総本部に馬場会長の姿はなく、昨年末の挨拶回りは、会津小鉄会が訪れることはなかったんです。この時から会津と六代目側との関係は解消されたと、業界内では受け止められていましたね」と。

こうした馬場会長の姿勢は組織内に影響をおよぼした。前出のウォッチャーが、次のように証言する。

「会津小鉄会内部は、馬場会長とともに神戸山口組を支持する最高幹部と、髙山若頭の後見を重視して六代目側を支持する最高幹部とに意見が割れてしまったんですよ。それが今回の騒動で噴出してしまったのではないかな」

六代目側と神戸側の代理戦争の様相を見せる今回の騒動で、京都府警は会津小鉄会本部をロックアウトした。

これで騒動は落ち着くかに見えたが、きな臭い情報が乱れ飛んだ。前出の山口組ウォッチャーの証言を続ける。

「馬場会長は総裁に就き、別の最高幹部を七代目に指名する旨を関係各所に伝えたようです。その一方で原田若頭も七代目会長に名乗りを上げていますね」と。

山口組分裂の影響を受けた会津小鉄会も内紛状態にある

その内紛状態が具体化したのは同年1月27日である。

同日午前9時頃から会津小鉄会系「いろは会」本部（京都市左京区）で、馬場会長派の七代目襲名の継承式が行われたのである。

分裂下での襲名式となるため、当局は厳戒態勢を敷いた。山口組ウォッチャーが説明する。

「京都府警は機動隊を含めて約２００人の捜査員を会津小鉄会系列の各事務所に配置しました。『いろは会』本部前には装甲車4台が派遣され本部に続く道路は車止めで封鎖されるほどでね、本部へ向かう組員は全員ボディチェックを受けていました」

さらに警視庁、大阪府警、兵庫県警などの捜査員も監視の目を光らせていた。

そうした喧騒をよそに同日午前9時から継承盃の儀式が始まり、六代目馬場会長から七代目金子利典会長（会長代行・四代目いろは会会長）へと組織は継承された。馬場会長は総裁に就任（のち体調不良を理由に辞任）した。

原田昇若頭派もほぼ2週間遅れで、七代目継承式に伴う盃儀式を2月7日に行った。式場は傘下の心誠会本部（京都市伏見区）で、周辺は京都府警による道路封鎖など異様なまでの警戒態勢が敷かれた（なお、平成29年6月21日、京都府警は、七代目会長ポストを六代目会長が禅譲する旨の有印私文書を偽造し行使した容疑で原田昇会長と、六代目山口組直参の森健司三代目司興業組長ら4人を逮捕した）。

この日以来、異なる当代を戴く二つの七代目会津小鉄会が並立する異常事態が続いている。

山口組ウォッチャーが、いう。

「原田七代目側は、3月21日に名古屋の弘道会本部を、岡山満舎弟頭ら最高幹部が書状持参で訪問したそうです。原田会長の後見人を竹内若頭補佐がつとめるなど、六代目山口組との結びつきは強く、六代目山口組の親戚団体を中心に原田会長の支援を求めていくようです」

六代目山口組と神戸山口組の代理戦争の様相を強めながら、並立する七代目会津小鉄会は、古都を舞台に〝近親憎悪〟をたぎらせている（平成29年6月16日、神戸山口組の井上組長と四代目山健組組員、任侠山口組本部長補佐の久保真一、同直参の加茂輝幸らが、会津小鉄会本部乱入事件に関して、傷害と暴力行為等処罰法違反の容疑で逮捕された）。

平成29年4月12日、松葉会の関孝司理事長、小池清一幹事長、菊地和浩会長室室長、佐竹常機総本部局長らが、六代目山口組総本部を訪問した。松葉会から分かれた松葉会関根組の独立を伊藤会長が認めた、その報告だった。

松葉会関根組は、平成26年4月に結成された。その前月に松葉会で伊藤七代目会長体制が発足した際、盃を受けなかった親分衆らが旗揚げした組織である。いわば、松葉会は分裂状態にあったわけである。

しかし、今回の独立承認は分裂状態にピリオドを打つことになった。関東の別組織の幹部が、こう説明する。

「松葉会主導で話し合いが始まり、今回の結論に至ったわけだな。組織名から『松葉会』の名称をはずすことなどを条件に独立を認めたと聞いている。これからは『関東関根組』と名乗るようだ」

他の関東の大組織でも分裂の火種を抱えているところが多い。ちょっと刺激をあたえれば爆発する休火山のようなのである。こんな状況が続く現代のヤクザ組織にとって、今回の山口組分裂はハタ迷惑以外の何物でもない。

分裂後の抗争を契機にして警察当局は徹底した取り締まりを宣言しており、山口組だけが摘発の対象ではなくなっている。警視庁詰めの記者が、次のように説明する。

「たとえば、関東のK会系組織の中には高額で取引されるナマコやアワビなどの密漁をシノギの柱にしているが、山口組分裂をきっかけに、監視体制が強まったうえに、密売ルートをズタズタにされて泣いてるそうだよ、こうなったのも、すべて山口組のせいだといってね」と。

六代目山口組が犯した〝罪〟は、決して軽いものではないはずだが、直参たちは、誰も表面きって分裂の責任を追及しない。実に不思議な集団である。

弘道会への揺さぶり

極道業界を混乱に陥れた分裂という大問題を引き起こしながら、六代目山口組は、その責任の所在をうやむやにし、ケジメをつけないから、こんな騒動も起こるのだ。同組統括委員長の橋本弘文・極心連合会会長の雲隠れ騒動のことである。

平成27年12月3日付サンケイ新聞朝刊は、「山口組ナンバー3　離脱へ」との大見出しを掲げて、次のように報じた。

六代目山口組の橋本弘文統括委員長が組織を「離脱する見込みである」とし、その背景には、「分裂に伴う組織内部の批判や、人事上の不満など」があり、「最高幹部の離脱は極めて異例」と書いた。そして、橋本統括委員長がひきいる「極心連合会が独立組織として活動する可能性もある」と、記事を締めくくっている。

離脱を疑わせる情報は、この記事の2日前に流れている。

12月1日のことだった。

この日は、渡辺芳則五代目の祥月命日にあたり、六代目山口組では恒例となった墓参と法要を行っていた。

神戸市灘区にある山口組総本部からほど近い「長峰霊園」には、田岡一雄三代目の墓地に隣接して、歴代組長の慰霊塔と組碑が建立されている。司忍六代目体制発足後は歴代組長の祥月命日には欠かさず墓参が行われている。山口組ウォッチャーが証言する。

「同日、司組長が現れるのではと踏んで、私は早朝から同所で待ち構えていた。そこに最高幹部に先駆けて、ボディガードもつけずに単身で現れたのが橋本だった。他の最高幹部らとともに訪れるのが通例であったため、奇異に思われたんです」

この墓参終了から2時間もすると、異変を伝える情報が流れた。同ウォッチャーが続ける。

「橋本が極心連合の組員に緊急招集をかけたという情報でした。緊急招集の席で橋本が、重大な決断をしたことを発表するようだ。また、離脱して独立組織になり、六代目山口組と神戸山口組に対して第3極を作り出すのでは、といった情報が矢継ぎ早に入ってきました。どうやら、みずからの引退と組織の解散を発表するらしい、という話まで流れてきたんですよ」

時間を追うごとに情報は、より具体性を帯びてきた。たとえば、こんなふうにである。

「墓参が終わり、総本部の仏間で行われる法要に姿を見せなかった」

「長峰霊園から総本部に行く途中で橋本を乗せた車両が方向転換してしまった」

「一部の直参が橋本の異変に気づいたが、連絡が取れない」

「すでに居場所が分かっていて、直参が向かっている」

こんな緊迫した情報が流れる中、極心連合会本部は、普段と何も変わるところがなかった。

それでも情報だけは、やまなかった。

「橋本は、昼前後には、傘下組員に引退声明を告げた」

正反対の情報もあった。

「青山千尋舎弟頭が橋本を司組長の待つ総本部へ連れもどした」

「大原宏延総本部長ら執行部の慰留に橋本も翻意し、残留を決めた」

不穏な情報が飛びかう中で、翌2日が明けた。

緊急執行部会が開かれたが、そこには橋本の姿はなく、本宅に留まる彼を説得するため、総本部から執行部の組長たちが急行したとの未確認情報が流れる。

この時点で、すでに橋本統括委員長の離脱情報は、極道社会を駆けめぐっていた。こうした不穏な情報は流言飛語を呼び、神戸山口組がかかわる陰謀説のような話や重病説、行方不明説まで流れていた。

これほどの大騒動になった背景には、12月13日に開かれる『事始め』が間近にひかえていたことがある。

この儀式は西日本の極道社会を中心に行われる新年行事であり、非常に重視されている。山口組も例外ではない。次年度の組指針が発表され、親分とともに新年のスタートを切る大事な行事である。中でもあらためて親分との忠誠を誓う盃儀式を行い、これが最も重要とされる。

前年の事始めで橋本統括委員長は、子を代表して司六代目から盃を受けている。本来ならば、髙山清司若頭が受ける盃を橋本統括委員長が受けたのは、平成26年6月から髙山若頭が社会不在となっているためであり、髙山若頭から事実上の若頭代行として指名を受けていたためでもある。それだけに、彼の離脱情報は関係者にとって衝撃以外のなにものでもなかった。

報道は過熱していった。

一部では神戸山口組へ移籍かとまで報じられたのである。

これは橋本統括委員長の経歴と無縁ではない。

若くして独立組織のリーダーとなった橋本統括委員長は、昭和51年に初代山健組に加入する。渡辺五代目がひきいた二代目山健組では若頭補佐、若頭代行などを歴任。平成17年4月に五代目山口組直参となり、同年7月の司六代目体制発足と同時に執行部に参画した。

現在、山健組は神戸山口組の中核組織である。彼らは、橋本統括委員長をどのように見ているのだろうか。山口組ウォッチャーは、次のように解説する。

「山健組出身であることは間違いないが、どちらかといえば、山健組一門からは、彼が六代目体制の基盤を作ったとみています。だから移籍を受け入れる可能性はきわめて低いし、本人も自覚しているはずですよ」と。

こうした観測が引退や、第三極作り説につながっていったのだろう。

12月4日。

同日午前10時42分、ようやく事態が打開に向けて動き出した。

マスコミが多数集まる六代目山口組総本部前に橋本統括委員長を乗せた車両が、総本部へと入っていった。前出の山口組ウォッチャーが、語る。

「この日の早朝に橋本は名古屋に入り、司六代目と面会し、体調不良で休養していたと説明したとのことでしたね。もちろん、大騒動になったことを深く詫びたそうですよ」

この釈明を司組長は受け入れた。

この後、橋本統括委員長は総本部へ向かうのである。

六代目山口組では、一連の離脱報道は誤報という見解で統一している。

橋本統括委員長の残留決定後も報道は止んでいない。前出の山口組ウォッチャーが証言する。

「今度の件は、竹内若頭補佐とのバッティングが原因です。2人の間には分裂以前からの確執があるんです。離脱騒動の10日前にも極心連合会傘下の組織に竹内が手を突っ込んだことで、大げんかになっています」と。

六代目山口組をめぐる様々な騒動の原因を突きつめていくと、必ず竹内若頭補佐の言動につながっていく。彼の執行部入りは早すぎたのかもしれない。

司六代目や執行部に対する批判や不満の声は直参の中にもかなりある。弘道会の締めつけが怖くて〝ウラ声〟になっているだけなのである。彼らと居酒屋で向かい合うと、本音がポロリとこぼれる。

「他者の不始末にはケジメを取れと強面《こわもて》でいうくせに、自分らのこととなるとソッポを向いている。このまま放っておいたら山口組は内部分裂しますよ。分裂について、誰も責任を取ろうとしないから」

　そして、こうもいう。

「神戸側やマスコミからの批判が厳しいが、髙山若頭がもどってくるまでの辛抱だ、と弘道会シンパは折々にいっているが、髙山若頭が顔を見せるまで組はもちませんよ」と。

　そんな折の平成28年4月5日、六代目山口組は定例会を開いた。

　分裂以降、定例会の総本部前には兵庫県警以外の捜査員、テレビや新聞、雑誌社のカメラマンが押し寄せることは通例となっていた。

　しかし、この日はこれまでと様相が違っていた。何よりも異例だったのは報道陣の多さだった。同時に新神戸駅に張り込む報道陣も入れると総勢約40人にものぼった。分裂が決定的となった昨年8月の緊急執行部会に勝るとも劣らぬ人数だったのである。

　加えて他府県警も含めた捜査員が約30人、さらに上空にはヘリコプターも飛び、緊迫した喧騒に包まれていた。それは事前にビッグな情報が飛びかっていたためである。

　それは「司忍六代目が引退する」という出所不明の情報で、前日発行の一部夕刊紙でも報じられていた。

　この日、直参たちの出足も早かった。

　午前9時を過ぎると、江口健治若頭補佐（二代目健心会会長）、橋本弘文統括委員長（極心連合会会長）、青山千尋舎弟頭（二代目伊豆組組長）、大原宏延総本部長（大原組組長）、竹内

照明若頭補佐（三代目弘道会会長）、高木康男若頭補佐（六代目清水一家総長）、藤井英治若頭補佐（五代目國粋会会長）の順で執行部メンバーが総本部に入った。

また、全国の直参もブロックごとに総本部入りした。定例会は午後1時半前から始まり、短時間で終了した。事前の司組長引退情報は、事実ではなかったのである。山口組ウォッチャーが語る。

「司組長引退説は、定例会開催の1週間ほど前から、まことしやかに伝わり、あっという間に拡散していきました。そんなことが起きても不思議ではない雰囲気が、六代目山口組には蔓延してましたからね。

この引退説をメディアや捜査当局も確認に追われました……」

さらに、続ける。

「あろうことか、新体制の人事案まで語られていましたからね。真偽が判然としない状況が続き、六代目側の末端組員の中には深刻な表情で、『わしら、どうなるんや』と不安がる者まであらわれる騒動になっていましたね」と。

新体制の人事案、あるいは人事構想については兵庫県警サイドでも確認を進めていた。

「この構想は、司組長の周囲で練られていたが、発表直前になって髙山若頭の反対の声が届いて、おしゃかになったと聞いています。髙山・竹内ラインで司組長に翻意させたという筋立ては説得力がありますから、当局側も警戒の目を光らせています」（前出の山口組ウォッチャー

の話）

この間に多くの怪文書が乱れ飛んだ。

そのすべてが弘道会と他直参組織の分断を狙ったものであった。

第四章

新宿歌舞伎町激突事件

他団体の申し入れを無視した神戸山口組

平成28年2月15日。

この日は、東京に進出している神戸山口組系各組織の親睦会が、歌舞伎町の飲食店「S」で行われていた。靖国通りと職安通りを南北に結ぶ区役所通りの北端に、その店はある。

この定例会合の取材で現場に居合わせた週刊誌記者が、六代目山口組系組織と神戸山口組系組織との流血の乱闘を目撃した。

同日午後4時前。区役所通りの路上で、屈強な男たちの怒声が響いた。その記者は、次のように話す。

「パーティ会場として使用される個室がある『S』が会合場所と見当をつけました。捜査車両が停車して警戒にあたり、店内には組員と思しき男が先乗りしていたからです。午後3時45分頃、『ケンカだ』という声が聞こえてきたんです」

彼は、声のする方向に急いだ。

と同時にどこからともなく現れた組員とみられる約20人の男が、彼を追い抜いていった。しばらく遅れて男たちに追いつくと、制服警官ともみ合っている光景にぶつかった。

「なんでもねぇから」

1人の男が大声をあげた。

呼び止める警官を制止して、男たちは一団となって「S」にもどっていく。その集団の中に顔に裂傷を負い、血を流している男がいた。

「現場の状況から『S』付近で警戒していた神戸山口組系の若い衆が暴行を受けたことは明白でした」(前出の週刊誌記者の話)

彼は、現場近くの飲食店店員から目撃情報を聞き出した。それは次のようなものだった。

「ちょうど区役所のはす向かいあたりの路上でした。迷彩服を着た1人の若者が、2～3人の男に取り囲まれ、怒鳴り声とともに頭を押さえこまれて引きずり回されていました。取り囲んでいた方に加勢が入り、押さえ込まれた若者を殴ったり、蹴ったりしてましたね。

それでも若者は応戦の構えを見せたんですが、騒ぎを聞きつけて、さらに相手の方に仲間が加わってきました。多勢に無勢という状態でした。若者の顔面にストレートパンチがヒットしました。尻もちをついた彼に激しい蹴りを加え続けたんです。暴行した側は、最終的には7～8人になっていましたね」と。

ほんの数分間のことだった。

集団の中のひとりが、

「サツがくるぞ。行くぞっ」

と声をかけたのを潮に、彼らは蜂の子を散らしたように四方へ走り去っていった。

前出の週刊誌記者が追いついた現場は、その乱闘直後のことだったのである。

彼は、飲食店「S」の前にもどった。

緊迫した事態を受けて、現場周辺にはさらに多くの神戸山口組系組員が集まっていた。その数はみるみる増えていき、約50人にまでふくらんだ。そこに加えて到着した私服の捜査員も入り乱れ、現場は騒然としていた。警視庁詰め新聞記者の話を紹介する。

「この日の神戸山口組の会合は、歌舞伎町内の喫茶店で定例の会合を開き、その後に『S』で食事をとりながら親睦会を開く予定だったようです。ところが、事前に神戸側の会合情報を聞きつけた六代目側は、系列組織の組員を動員して示威行動に出たんです。こうして双方が対峙する事態になったわけで、にらみ合いは数ヵ所でおきました」と。

この後も騒動は続いた。

同日午後4時15分頃、「S」前の車道を通過しようとした1台の黒塗りの高級車を、神戸山口組系組員が取り囲んだ。

「あの車だ」

神戸側の集団の中から声があがった。

「降りてこんかい」

荒っぽい口調で詰め寄っていく組員もいた。

車中に六代目山口組側の組員が乗っていたのである。

すさまじい形相で、フロントガラスに顔を押しつける組員もいた。

車中の男は沈黙したままだった。

「手を出すな。かまわんから通してやれ」

「S」の入り口から幹部の怒鳴り声があがる。

神戸側の組員が車両から離れた。

六代目側の組員が乗った車両は走り去っていった。

その直後に再び異変が起こる。

20数人の荒くれ者が、「S」の向かい側の歩道に立ったのである。

「弘道会がいるぞ」

その一団に気づいた神戸山口組系組員が叫ぶや、車道に飛び出し、一団に向かっていく組員も現れる。すんでのところで捜査員が割って入り、コトなきを得たが、一触即発の事態であった。

今度は「S」の入り口から怒号が飛び交い始める。制服警官が増員されたせいか、興奮した組員を捜査員が組み伏せる場面も見られた。

一連の騒動が終息したのは午後5時を回ってからである。その間、「S」の店内では会合が行われていた。

そのため、周囲を警戒する神戸山口組系組員たちの射るような視線は続き、現場の緊張感がおさまることはなかった。

ふだんの歌舞伎町にもどったのは、午後6時過ぎだった。

この会合に参加した神戸山口組系幹部が退出を始めたのだ。最後に多数の組員にガードされながら出てきたのは、この会合の責任者とされる四代目山健組・山之内健三若頭補佐（誠竜会会長）であった。彼は、六代目側と神戸側との和解・合併交渉の最前線に立った男である。

神戸山口組では、組織結成直後から各地で決起集会さながらの、今回と同様な会合を開いている。

今度の関東地区の会合も、前年9月17日に歌舞伎町で行われたのが最初に確認されている。その後、月1回ペースで開催され、翌10月17日は東京・港区麻布十番で行われた。山口組ウォッチャーが、次のように解説する。

「その麻布の会合場所となった飲食店は、六代目山口組系幹部の自宅前で、神戸山口組の挑発行為と、とられかねないものだったのです」と。

今年に入り1月15日には、やはり関東地区の定例会が歌舞伎町で行われた。その際、事前に六代目山口組側が組員を付近に動員するという情報が飛びかった。そのため、警視庁が捜査員100人規模で警戒にあたるなど、歌舞伎町は喧騒に包まれたのである。結果的には双方が対峙する事態にはならなかったが、水面下では別の事態が進行していた。前出の山口組ウォッチャーが語る。

「1月の神戸山口組の会合の直後に、歌舞伎町にシマを持つ住吉会系組織が神戸側に、『シマ内で混乱を招くような会合は開かないでほしい』と申し入れていたんですよ。

ところが、今回も会合を開き、混乱を招いた。そこで会合が行われていた『S』に、その住吉会系組織の幹部が乗り込んでいったそうです。ただ、シマを守るという一心だったんでしょうが、そこで神戸側との間で、一悶着が起きてしまったという話です」と。

二つの山口組の衝突が、他団体をも巻き込んでしまったわけである。

しかも、1月27日には、長野市内で開かれた親睦会に参加しようとした六代目山口組系組幹部らを妨害すべく、神戸山口組系組員による高速道路封鎖が発覚したばかり。こうした複数の要因が重なり、双方の緊張が高まる最中に起きたのが、今回の歌舞伎町乱闘事件だったのである。

この余波は広がるばかりである。前出の警視庁詰め新聞記者が解説する。

「様々な情報が飛びかっています。『翌日も半グレがにらみあっていた』とか『15日には千葉でも神戸側の会合があり、付近の高速道路に六代目山口組系組員が集結していた』など、いずれも当局が確認に動く事態となっています」と。

この歌舞伎町乱闘事件の概要が、徐々にだが明らかになってきた。前出の山口組ウォッチャーが解説する。

「この日、歌舞伎町にいた双方の山口組関係者は、多岐にわたっていることがわかってきました。

神戸側は、四代目山健組、二代目宅見組、奥浦組など直系13団体から。六代目側は、三代目弘道会をはじめ、そのシンパである六代目清水一家、秋良連合会などから組員が集まっていましたね。

そうした中で乱闘暴行が起きたのだが、山健組系列の関係者が、都内に拠点を持つ秋良連合会傘下組員、もしくはその周辺者に襲われたとの説も浮上しています」と。

秋良連合会は六代目山口組の秋良東力幹部がひきいる組織だが、太田興業の地盤を継いでいる。その太田興業の太田守正会長は、現在、神戸山口組で舎弟頭補佐をつとめている。前出の新聞記者の証言。

「今回の歌舞伎町の会合には太田興業からも参加者があったとの情報もあります。それが太田会長の現役復帰とともに、現役にもどった歌舞伎町を根城としていた組長だったんです。元同門のためか、秋良連合会の方が警戒感を強めていたのかもしれず、波乱要因のひとつと警視庁ではみていますね」と。

その2日後、2月17日に大阪で秋良連合会をめぐり事件が起きた。

同日午後11時40分頃、大阪市鶴見区の3階建てビルに白の車両がバックで激突、車両特攻を仕掛けたのだ。玄関前の郵便受けと壁の一部を破壊した。車両は乗り捨てられた状態で発見された。現場から2人組の男が逃走した。前出の山口組ウォッチャーが解説する。

「以前、このビルは秋良連合会傘下井上総業の本部事務所でした。現在は数年前に引退した先代組長の自宅となっていますね。ここが秋良連合会の関連施設として狙われたとすれば、歌舞伎町乱闘事件の報復なのでは……」

3月12日、警視庁組対4課と新宿署は、歌舞伎町乱闘事件の容疑者として、六代目山口組系秋良連合会舎弟頭である同会一蓮会の金伸一総長ら一蓮会幹部と組員4人を、暴力行為等処罰法違反の容疑で逮捕した。

さらに同事件で被害を受けた男も暴行容疑で逮捕された。この男は、準暴力団に指定されている暴走族「打越スペクター」OBの元リーダー格・西村聡造である。警視庁詰め新聞記者の話を紹介する。

「西村は、もともと一蓮会周辺に連なる関係者だったが、事件以前から神戸山口組側に接近していたことでトラブルになったと警視庁ではみていますよ。事件当日、双方がにらみ合う中で偶然、出くわしてしまったようです」

警視庁は歌舞伎町に厳戒態勢を敷いた。

万一の事態に備えて機動隊も装甲車で待機していた。テレビ局のカメラ・クルーも複数、散らばっていた。

そうした中、A4版用紙4枚にびっしりとつづられた差出人不明の怪文書が、六代目側の直系組織本部を中心にバラまかれた。

真偽不明の内容なので詳細は記さないが、六代目山口組が「親子の盃の呪縛」を利用して弘道会の「支配」と「収奪を図った」と指弾している。前出の山口組ウォッチャーが解説する。

「分裂以降、双方を非難する怪文書は何度も出ているが、今回の特徴は、弘道会と他の直系組織の分断をはかる意図が明白なことですね」と。

有力組織がぶつかる危険地帯

平成29年5月11日、警察庁は分裂した六代目山口組と神戸山口組が、対立抗争状態にあると認定した前年3月7日から今年5月10日までに、抗争の可能性がある事件が19都道府県で47件発生したことを明らかにした。

このうち30件で容疑者を摘発した。

摘発された者は、両団体の構成員ら161人にのぼった。

別の調査データによると、分裂した平成27年夏の時点からだと、二つの山口組の間で起きた抗争事件は75件にのぼるという。これらの事件を精査すると、大阪や神戸、長野県など抗争多発地帯が存在することがわかったという。

そこは両組織にとって、いわば火薬庫のような存在なのだ。いったんコトが起きれば全国へと爆発的に飛び火する可能性を秘めた危険地帯なのである。

あたり前といえばあたり前のことだが、火薬庫の中で、もっとも多く抗争事件が起きたのは大阪である。

これまでに13件が発生している。

双方の直系組織や系列の3次団体が数多く本拠を構え、とくにミナミの歓楽街一帯に密集している。そのため、分裂当初はミナミで偶発的な原因から散発的な衝突が発生した。一昨年末の事件も前例と同じく散発的なものと思われた。

平成27年12月17日、大阪市浪速区にある六代目山口組の直系組織の秋良連合会本部事務所周辺に、神戸山口組系の組員50～60人が集結した。彼らは、ゴルフクラブを取り出すなど示威行動を展開した。

この日は秋良連合会の事始め式が行われていた。極道たちにとっては、新年を迎えるための重要な行事だけに、秋良連合会側も黙ってはいなかった。

神戸側の若衆がゴルフクラブを振りかざしたことをきっかけに、双方が入り乱れる事態へと発展するが、通報を受けて駆けつけた警察によって、ひとまず騒動は収まったかに見えた。

しかし、この事件は単なる乱闘だけにとどまらず、双方の挑発戦へと続いていくのである。

この2時間後、ミナミの路上で停車中の車両が襲撃されたのだ。乗っていたのは四代目山健組傘下組員だった。この報復行為とみられる事件は、さらなる報復を呼んだ。翌18日、当時は秋良連合会傘下だった綾誠会本部事務所に車両が突っ込んだのである。

この一連の事件をめぐっては5月10日に大阪府警が一斉検挙に乗り出した。凶器準備集合罪などで、六代目山口組・能塚恵幹部（三代目一心会会長）と同会組員らを含め、秋良連合会の組員ら15人以上を逮捕した。同容疑で秋良東力幹部にも逮捕状が出された。彼は、行方を絶った。

一方、綾誠会への車両特攻で、四代目山健組傘下健竜会（中田広志会長）の組員数人が逮捕されている。山口組ウォッチャーが、次のように解説する。

「事件後、綾誠会が神戸山口組側に移籍したことからも、この事件の背景には切り崩し工作があったのは間違いないですね。ただ、一筋縄ではいかない面もあるんですよ。綾誠会の移籍先は太田興業でした。秋良連合会は、太田興業の後継組織であり、いってみれば太田会長と秋良会長は、渡世上の親子同士、骨肉の争いともいえるわけです。

また、秋良連合会本部を取り囲んだのは、神戸山口組・織田絆誠若頭代行（当時・山健組副組長）の配下の組員だったともいわれており、背景を複雑にしているんです。

そうした中には、三代目弘道会と四代目山健組という、双方の有力組織の対立の構図を指摘する声も、当局側に強くありますね。秋良東力幹部は分裂後に幹部ポストにつくなど、神戸側にとっては弘道会に近い存在として敵対視されていましたから……」と。

この事件の1ヵ月ほど前になる同年11月にも乱闘事件が発生している。

分裂した山口組双方の勢力が昼夜、対立の火花を散らしているのが大阪の盛り場ミナミである。

緊張が高まっていた同所の現状について、前出の山口組ウォッチャーが解説する。

「ミナミ周辺には『六代目』、『神戸』双方の直系組織の本部が林立しているし、また、3次団体の事務所も数多くある所なんですよ。50メートル、100メートルの間隔でありますものね。分裂後はそれぞれに応援部隊が駆けつけ、暴排条例の影響で鳴りをひそめていた地回りが復活したんですよ。辻々《つじつじ》に屈強な極道が数人単位で立つこともあってね、そんなときは何かあったんだなぁと……」

つまり、警察側に察知されない、地下に沈んでいる抗争事件が、ヤマほどあるということのようだ。

前述した秋良連合会を神戸山口組勢が取り囲んだ騒動以上に、今回の乱闘騒動が大きな反響を呼んだのは、それぞれの有力組織がかかわっていたためである。神戸山口組・入江禎副組長がひきいる二代目宅見組の最高幹部と六代目山口組・竹内照明若頭補佐がひきいる三代目弘道会の傘下組織組員がぶつかりあったからである。

両組織を揺るがす乱闘事件が発生したのは平成27年12月5日の深夜から日付が変わる時間帯のことだった。発生場所は難波の中心地だった。

もめ事の原因は、以前から客引きのことでもめていた弘道会傘下組織と宅見組傘下組織が小競り合いとなり、乱闘に発展した。

宅見組が反撃した。

現場からの連絡を受けて宅見組側がすぐに動員をかけた。数人単位の班をつくって弘道会側組織の事務所に数次にわたって波状攻撃をかけたのである。山口組ウォッチャーが、その経緯を説明する。

「難波で弘道会と宅見組の間で起きた事件は、偶発的だったようです。府警によれば、路上で両者が出くわし、酒の酔いも手伝って、口論から殴り合いに発展したようです。その後、宅見組側が弘道会傘下組織の事務所に押しかけたということのようです」と。

実態はもっと深刻だ。

現在、盛り場を根城にする末端の組員のシノギは、客引きとホステスが立て替えた客の飲食代の回収が主な収入源なのである。つまり、飲み代の回収を依頼してくるホステスの勤める店を何件持っているかで、末端組員の収入は決まる。

盛り場のど真ん中にある路地で、辻立ちしている二代目宅見組の若い枝の組員に声をかけてみた。東京から取材にきた者と名乗ると、彼は警戒心を解いた。

「組からの指示で、向こう（六代目側組織）を警戒してるんや」

分裂以降、週に2回も警戒に駆り出されているそうだ。当然のことだが、辻立ちしている間、シノギはストップする。

「うちにはカカアと子供が口を開けて待ってるんや。ナンボでも稼がんとやっていけんのや」

今夜は10時に交代要員がくるので、もう少しの辛抱やと、小さく笑った。

組織の幹部からは、弘道会やそのシンパ以外と悶着を起こすなといわれているそうだが、そうもいっていられないと、彼は本音を明かす。

「わしが持っている店やホステスにちょっかいを出せば、どこの組であろうとイテコマしてやる」

つい先日も辻立ちの交代時間に、ちょっかいを出した前歴のある六代目側の一心会の組員と鉢合わせをした際、仲間と共同して路地奥に引きずり込み、相手の組員を半殺しにしてやったと、二代目宅見組の末端組員は武勇伝を語る。

「相手側にもメンツがあるから、殺しでもない限りサツには届けない。だから、サツの知らない傷害事件など毎日起きている」

この末端組員は、そうもいう。

関西地区には、三代目弘道会と四代目山健組の根深い対立の構図がある。

その後、大阪で双方の有力組織の激突が起きる。3月10日深夜に門真市内の弘道会傘下組織の本部事務所に車両が突っ込む事件が発生した。

その3時間後には報復とみられる攻撃が発生する。守口市内の山健組傘下組織の本部事務所に車両特攻が敢行されたのだ。山口組ウォッチャーが、次のように解説する。

「弘道会と山健組との間につのる憎悪が、今後の大阪地区の情勢に大きな影響をあたえると、私は見ています」と。

射殺事件の背景

　これまでの分裂抗争で最多3件の発砲事件を数える長野県でも同様の状況にある。平成27年10月に起きた射殺事件を契機にして、弘道会と山健組の傘下組織の激突が相次いでいるのだ。この射殺事件の背景には離脱と引き抜きがあった。同事件の詳細を報告する。

同年10月6日午後12時47分頃、「銃で撃たれたような男性が倒れている」との通行人から１１９番通報があった。

　この通報者は、長野県飯田市内の温泉宿泊施設前を通りかかり、銃声らしき音を聞いたという。そして、施設の玄関先を見ると、意識を失った男が倒れていた。銃弾が発射されてから約4分後の通報であった。この事件を取材している新聞記者が、このように証言する。

「目撃者が通報した時には、すでに銃撃犯の姿はありませんでした。近くで同じ時間帯に白のセダンが、信号を無視しながら市役所方面に、猛スピードで走り去っていくのを、何人かの通行人が目撃しています」

　１１９番通報をした目撃者によれば、倒れている男性の頭部には小さな傷が見えたという。救急車がくるまでに、おびただしい量の血液が路面を染めた。

　市民病院に搬送された男性は意識不明の重体のまま、翌朝午前7時過ぎに死亡した。前出の新聞記者が語る。

「これで殺人未遂事件から殺人事件に切り替えた長野県警は、この時点で撃たれた男の氏名などを初めて発表しました」

　銃撃事件が射殺事件になったのである。

　長野県警の発表を待つまでもなく、この事件は関西の極道社会で、具体的な固有名詞をともなって駆けめぐっていた。山口組ウォッチャーが、次のように証言する。

「私が知り合いの極道から事件の一報を聞いたのは、銃撃事件発生から1時間半後のことでしたよ。実に早かったです」

　極道の話の内容は、次のようなことだった。証言を続ける。

「いまでもはっきりと覚えていますね。『飯田で音が鳴った』、というのが第一声でしたね。撃たれたのは長谷川組の長谷川陽一組長で、彼は、六代目山口組系組織から神戸山口組系組織に移籍を表明して、上部団体から破門になっていたということでしたね。そのことで彼は元の組織とゴタゴタが続いていて、当日は呼び出されていたんだそうですよ」

　そして、

「彼は、温泉施設を出たとたんに、ズドンと頭を撃ち抜かれてしまったらしい。先に六代目側が手を出してしまったということ、といってましたよ」と。

　過去、組員の移籍が原因で大規模な抗争に発展した事例は多い。たとえば、『山波抗争』は、弘道会と波谷組の傘下組織との間の組員の勧誘が発端だった。司六代目が長期服役することになる『東陽町事件』も組員の引き抜きが原因だった。

ましてや六代目側と神戸側は同じ代紋を掲げ、どちらも正当な山口組を主張している。分裂以降、水面下では傘下組員の切り崩しが激化している。そんなさいちゅうに起きた銃撃事件である。前出の山口組ウォッチャーが、次のように証言する。

「こんな時にも知り合いの極道から情報がバンバン入ってきましたね。『長谷川組は六代目山口組直参の掛野一彦組長がひきいる二代目近藤組の傘下組織で、長谷川組長が移籍しようとしていたのは、松本市内に本拠を置く四代目山健組の三代目竹内組だ』とか『飯田は掛野組長の出身母体である掛野組の地盤であり、近藤組が仕切っている』などなどです」

竹内組の親分は、神戸山口組の織田絆誠若頭代行の一門で、イケイケで有名だという話もある。

事件当夜、飯田市の繁華街はネオンを消している店が多かったそうである。前出の新聞記者の証言。

「このあたりは掛野組の縄張り内だから、掛野組に何かあると、女の子がいる店はトラブルを避けるために、みんな店を閉めちゃうんですよ。数年前に二代目掛野組の親分が亡くなった。この二代目の時の最高幹部だった牧内健一郎組長がトップで、今回の事件で撃たれた長谷川組長がナンバー2とばかり思っていたが、2人の間にトラブルでもあったのか、事件後、牧内組長は姿を消してしまったんだな」

この牧内組長は、長谷川組長を手塩にかけて育てたのに、移籍してしまったことで相当腹を立てていたという声もあった。

射殺された長谷川組長に処分が下された9月中旬、この小さな繁華街で目に見える緊迫が続いていた。

最初に緊張が走ったのは9月12日だった。この日は秋祭りで、花火大会が行われる予定だったこともあり、かなりの人でにぎわっていた。その晩に異変が起きた。前出の新聞記者が、いう。

「午後9時半頃、大勢の極道たちが中央通りで言い争う騒動が起こったんです。１００人はいたそうです。その際に牧内組長が拳銃を出したとか出さなかったとかが発端で、集団ともめていたそうで、異様な雰囲気になっていたと住民から聞きました」と。

この日を境にして飯田の繁華街は様相を一変する。毎晩のように飯田駅から繁華街に続く中央通りを神戸山口組側の車両が占拠するようになったのである。前出の新聞記者が証言する。

「車道の右端と左端に隙間なく車を並べて路肩に駐車するんです。1列に10台ぐらいずつ。中央通りといっても、道幅はそんなに広くないから、車と車の間はギリギリ1台の車両が通れるかどうか。こんなことを神戸側の竹内組などがやったんです。タクシーの運転手たちが泣いてましたよ」と。

彼の話を続ける。

「どう見ても極道風の男が乗っている車と接触するわけにはいかないから、ほとんどの人は回り道をするけど、たまに通り抜けていく車がある。すると、今度は道路の両端の車から極道風の男たちが降りてきて、わざと道の真ん中で立ち話を始めるわけ」

道路の封鎖である。

警察はスピーカーで車をどけるよう指示して退散させるが、しばらくすると舞いもどってくる。いたちごっこが連綿《れんめん》と続くのだ。

道路封鎖のように駐車する車は、地元の松本ナンバーだけでなく、神戸や和歌山など他県ナンバーが多かったという。

こんな騒動が飯田市では25日間も続いたのである

さて、射殺事件発生から2日後の10月8日深夜、六代目山口組系二代目近藤組傘下の牧内健一郎組長（二代目掛野組若頭）が飯田署に出頭、殺人容疑で逮捕された。

殺された長谷川陽一組長は牧内組長と同じ組織に所属し、牧内組長を兄貴分と慕っていたそうである。

当初、その長谷川組長が神戸山口組系組織に移籍しようとして破門され、射殺事件へと発展したとされてきた。現に飯田市内では、9月中旬から神戸山口組系組織の組員とみられる男たちが大挙して、道路占拠するなど示威行動が起きていた。これが長谷川組長が処分された時期と符合することから『長谷川組長が神戸山口組系組員を飯田に呼び込んだ』とすら噂されていた。

飯田署に殺人容疑で逮捕された牧内組長は、完黙を貫き、認否さえ明らかにしなかった。このことが事態の混迷に拍車をかける結果となった。前出の新聞記者が語る。

「出頭した際に、警察につめていた記者たちからフラッシュをたかれて撮影されたことが気に障ったとして、彼は、それを理由に事件の根幹に関して黙秘を貫いているそうです」

で、犯行動機は依然として謎に包まれたままなのであった。

事件後も飯田市への圧力を強める山健組に対して、射殺された被害者が在籍していた掛野組の親筋にあたる近藤組を支援すべく、六代目側は、弘道会の内野組を中心に応援部隊を送り込んだ。

それ以降、高速道路封鎖事件や松本ＩＣでの集団暴行など、過激な事件が立て続けに発生するなど抗争事件が多発している。前出の新聞記者が、次のように語る。

「あの発砲を最後に表向き、長野県では抗争事件は起きていません。これは双方の上層部が『挑発に乗るな』とさかんに呼びかけた効果です。が、一部の傘下組員は『つまらないことで逮捕されなければいいんだろう』と受け取り、長野県下では事件化できないというか、水面下で弘道会と山健組の衝突と思えるゴタゴタが頻発している状態です」

このように抗争事件多発地帯では、その深層に双方の有力組織が募らせた憎悪が存在する。

過日、神戸山口組では、弘道会以外の六代目山口組系組織との付き合いを認める方針を打ち出しているが、裏を返せば『敵は弘道会』ということになる。全国各地で流血の惨事が起きても不思議ではない状況が、いまも続いているのである。

岸本組をめぐる神戸での攻防

極道社会の関係者から〝火薬庫〟と呼ばれている兵庫県の現状を報告する。

ここで起きた事件の深層には、他の地域とは異なる事情がある。

現在、兵庫県内には、六代目山口組の直系組織が、二代目竹中組（組長・安藤美樹幹部）と二代目岸本組（清水武組長）の2組織のみとなっている。このうち神戸市に限っていえば、二代目岸本組だけということになる。いってみれば、神戸山口組側が、六代目山口組を包囲する形になっているのである。

こうした状況下にあるだけに、事件の多くは二代目岸本組への切り崩し工作に起因して発生している。

その中でも象徴的な事件といえるのが、平成28年3月5日に発生した「神戸カーチェイス事件」である。事件の詳細を知る山口組ウォッチャーの証言を紹介する。

「神戸側の肚の内を読み切っている六代目側は、連日、二代目岸本組に傘下の直系組織から応援部隊を派遣していました。三代目矢嶋組（中山和廣組長）や大同会（会長・森尾卯太男本部長）など数組と聞いています。組織の看板を賭けた争いだからこそ、互いの組織への敵意は猛烈なものになっていたんです……」

同日午前11時すぎ岸本組から7台の車両が出発すると、張り込みを続けていた神戸側の四代目山健組系健竜会などの組員が乗車したワンボックスカーを含めた数台の車両が追跡を始めた。

山健組の幹部が乗車するワンボックスカーを含めた数台の車両は、一般道を先行する六代目側の車両に接近すると、幅寄せやあおり運転を何度も繰り返し行って走行を妨害、これがカーチェイスへと発展する。

同日午前11時40分頃、神戸市中央区割塚通の路上で、ワンボックスカーと六代目側の車両が接触し、大きな鈍い音がした。昼時で多くの人が行きかい、誰しもが単純な交通事故だと思った。しかし、その瞬間、単純な事故でないことがわかる。六代目側の7台の車両から血相を変えた18人の組員が車両から路上に飛び出してきたのである。

彼らのうち6人が、ワンボックスカーに駆け寄った。

「降りてこんかい」

車両を取り囲んだ6人の男の罵声が飛び、ワンボックスカーの側面を蹴りあげた。

衝突したワンボックスカーと六代目側のセダン車の周囲には、双方の車両10数台が止まり、そこから大勢の極道風の男たちが飛び出してきた。この事件の取材をしていた新聞記者が、次のように証言する。

「ワンボックス車を取り囲んだ男の1人が、フロントガラスを金属製の40～50センチもある鉄製の靴べラで叩き割ったんです。これが合図でもあったかのように、ワンボックス車側に加勢するように、金属バットを持った男たちが停車中の後続車両から飛び降りてきました」

現場の周囲には、大きな人だかりの輪ができた。

血相を変えた男たちの怒鳴り声が飛び交う中、ワンボックスカーの車内から催涙スプレーが噴射された。同車を取り囲んでいた男たちが一瞬ひるんだ隙をついて急発進をかけた。

ワンボックスカーは、前方のセダン車の開いていたドアに激突した。ドアは鈍い音を立てて逆方向に曲がった。ワンボックスカーは、さらに周囲にいた男たちにも接触を繰り返した。右手を押さえて路上を転げまわる男がいた。前出の記者の話を続ける。

「ワンボックス車が走り去ると、集まっていた男たちは、いっせいにその場から立ち去ったそうです。わずか1～2分の出来事で、路上には無数のガラス片や破壊されたドアミラーが散らばっていました」

カーチェイスのはてに、二つの山口組が繰り広げた白昼の乱闘劇の全容が明らかになったのは、同年6月28日に神戸地裁101号法廷でのことだった。

この日は、「神戸カーチェイス事件」で起訴された六代目山口組系幹部ら16人中4人の初公判が開かれたのである。

この騒動の主役を演じたワンボックスカーに乗っていたのが神戸山口組系四代目山健組傘下

の五代目健竜会・北本肇舎弟だった。彼の弁護士は正当防衛を主張した。

たしかに、先に手をあげたのは六代目側であることは紛れもない事実だ。しかし、金属バットを手に加勢した神戸側の組員の存在も明らかになっている。兵庫県警は、その加勢した2人の神戸側組員を傷害容疑で逮捕している。この事件を取材していた新聞記者は、次のように証言する。

「逮捕された2人の組員は金属バットで六代目側組員2人の顔や腕などを殴り、あごの骨を折るなどの重軽傷を負わせた疑いが持たれていましたね」

双方の組員による乱闘が、いかに激しいものだったかが想像できよう。

28日午前に法廷に立ったのが、六代目山口組系三代目矢嶋組の田中直哉若頭補佐と同組傘下組織の棚原淳也組員である。そして、午後からは大同会の奥園清長若頭補佐と同会の前田晋吾組員が出廷した。4人とも暴力行為処罰法に問われていた。

この公判での奥園若頭補佐の証言は詳細をきわめていた。事件の背景について、彼は次のように答えている。

「今年2月頃から神戸山口組系組員による二代目岸本組本部の監視が続き、当番組員の交代時に本部から出ていく車両を毎回、追尾していた。その護衛をするために、岸本組への応援を自分が提案した」と。

つまり、神戸市内に唯一の六代目側組織となった岸本組を、自陣に引き入れようとする神戸山口組側への憂慮から、その対抗策を奥園若頭補佐が発案し、現場責任者になったというものである。

そのため、事件当日を含め5回の護衛の機会があったが、奥園若頭補佐はすべてに参加した。そして他県の直系組織から派遣されてきた組員には、「こちらから手を出さないように。申し訳ないけど我慢して、護衛のみに気を配ってください」と、必ず指示を出していたと法廷で明らかにした。

当然、事件当日も中四国ブロックと阪神ブロックに属する直系7組織から派遣された組員に、そう伝えたという。

だが、カーチェイス後に、前述したように接触事故が発生した。奥園若頭補佐は、対応に苦悩したことを法廷で次のように証言した。

「一度、車から降りかけたが、自分から進んで騒ぎを起こしてはいけないと車内に引き返した。だが、すでに他の組員数人が降車し、神戸山口組側の車に近づき始めていた。そこで止めなぁアカンと……」

彼も降車した。

神戸側の車両の前に、奥園は立った。

これまでの神戸側の挑発行為が、彼の脳裏をよぎった。「かさねがさね辛抱しておったんでね」（奥園の法廷証言）と、我慢の緒が切れたことを明かした。

彼は、突発的に車体を蹴った。

この日、裁判は即日結審した。

検察側は、奥園若頭補佐に懲役2年6月を求刑、他の3人には懲役1年6月を求刑した。この事件で六代目山口組側は20人が逮捕された。起訴された16人中6人が乱闘現場で手を出した。しかし、他の3人は手を出していない。

矢嶋組の田中若頭補佐にいたっては、急発進した神戸山口組側の車両に衝突され、右手にけがを負っている。それでも検察側は、車両を降りた時点で襲撃行為の共謀にあたるとした。

これに対して田中若頭補佐の弁護人は、こう反論する。

「不起訴処分でもおかしくない事案だ。実際よりも神戸山口組側の車両の近くにいたかのようにした検察官の意図的な証拠作りからもわかるように、車両から降りた者全員を起訴するという政策的観点が多分に含まれた不当なものだ」と。

これに先立つ同年6月24日、神戸地裁第101号法廷で神戸山口組の四代目山健組傘下五代目健竜会・北本肇舎弟を被告とする第2回公判が開かれた。

弁護側は、事件の詳細を、次のように述べている。

「少なくとも18人の組員が六代目側の車両から降り、うち6人ほどが北本被告の車両を取り囲み、降りてこいと叫んで、金属製靴ベラを使ってフロントガラスを割り、ドアを蹴るなどしました。このため被告は、一刻も早く現場を立ち去ろうと、男たちに向けて車両を発進させたのです」と。

前述したように、車両は数人の組員にぶつかった。この行為が暴行罪に問われたのである。弁護側は、「自分と同乗者の生命や身体を守るための正当防衛だ」として無罪を主張した。

これに対して検察側は、「危険運転などで六代目山口組側を意図的に挑発し、侵害行為をみずから招いており、正当防衛にはあたらない」と、北本舎弟側の主張を一蹴した。

また、この公判では北本舎弟が岸本組を出発する車両の車種やナンバー、台数を記録していたことが明らかになった。

これらの行為は、ワンボックスカーで北本舎弟と同乗していた健竜会の小林信一幹部への1審判決で「岸本組を神戸山口組へ引き入れようと画策」したことが激突の要因として法廷で認められている。

こうした神戸側の動きに対して、岸本組も反撃に出ている。

同年3月19日に神戸市中央区にある山健組傘下の志闘会本部事務所へダンプ特攻を敢行したのである。

この事件で岸本組から3人の逮捕者を出し、うち2人が起訴されている。

岸本組本部周辺では分裂以降、連日のように双方の組員がつめかけている。古参の山口組ウォッチャーが解説する。

「岸本組につめかけた者の中には、六代目山口組の最高幹部も含まれていましたね。それが神戸山口組の切り崩し攻勢に対する防戦やったと思いますわ。この最高幹部が岸本組を訪れたことで、攻める神戸山口組も躍起になったんじゃないかな。それで挑発をエスカレートさせてしまったのではと、私は見ていますがね」と。

神戸は山口組発祥の地である。

お互いに譲れないものがあるのだろう。

大石組に流れる神戸山口組への憎悪

平成29年6月、神戸山口組の直系組織の最高幹部が、六代目山口組の直系組織の大幹部に刺殺される事件が発生した。これで六代目山口組分裂後、6人目の犠牲者となった。

同月13日午後7時半頃、愛媛県西条市内にある住宅街の路上で、腹部を複数ヵ所刺された神戸山口組の直系組織である二代目木村會の岡允浩幹事長が、血まみれで倒れているのが発見された。駆けつけた救急隊によって近くの病院へ収容されたが、間もなく出血性ショックによる死亡が確認された。

愛媛県警は、抗争事件の可能性も視野に、県内にある組事務所の警戒を強めるなど厳戒態勢を敷く一方で、翌14日、六代目山口組の直系組織である二代目大石組の横井興人舎弟頭を殺人容疑で逮捕した。

2人は、以前から犬猿の仲だったという地元の証言がある。殺人の疑いで逮捕された横井舎弟頭は日頃から「最後に殺したいヤツがいる」と口にしていたそうだ。そうした感情に神戸山口組による引き抜き攻勢が加わっての凶行と地元の新聞記者は見立てる。

一方、刺殺された二代目木村會の岡幹事長は長袖の袖口から刺青がのぞく、一見して極道とわかるタイプだそうである。イケイケ型の極道として本拠とする新居浜市では知られた存在だった。

岡幹事長が所属する木村會は、六代目山口組の直参だった初代会長の木村阪喜が、同27年3月に引退し、跡目を決めないまま大同会の預かりとなった。その後、木村會で若頭をつとめていた山本彰彦が跡目を継承して二代目会長に座った。

山口組分裂後の同28年2月に神戸山口組に電撃移籍すると、同29年4月に新設された幹部に就任し、同年6月8日の定例会で若頭補佐昇格が決定した。

一方、横井舎弟頭が在籍する大石組は、岡山市内に本拠を置く直系組織で、五代目山口組で舎弟頭補佐を、六代目山口組で顧問をつとめた初代の大石誉夫が同24年3月に引退した。同組で本部長や若頭を歴任した井上茂樹が二代目組長を継承した。現在は六代目山口組の組織委員をつとめる。

同じく岡山市に本拠を置く、初代大石組から内部昇格で山口組の直参となった池田孝志・池田組組長は、神戸山口組発足に参画して舎弟頭に就任した。

以降、大石組は激しい切り崩しにあい、複数の最高幹部らが池田組に移る一方、岡山県勢の三代目熊本組も神戸山口組に移籍した。

二代目大石組は、四方を神戸山口組勢に取り囲まれる形になってしまった。

しかし、井上二代目組長は、筋を通すとして六代目山口組に残留した。山口組ウォッチャーが、次のように話す。

「井上二代目は、神戸山口組に対して、かたくなな姿勢を持ってましたね。熊本組の最高幹部殺害を計画したとして、今年1月に殺人予備容疑で逮捕（不起訴処分）されるほどですからね。根っからの神戸嫌いなんです。そんなところが殺人容疑で逮捕された横井舎弟頭にもあるのかもしれません」

二代目大石組に流れる〝神戸山口組憎し〟の感情が、今回の殺人事件の底流にあると、山口組ウォッチャーたちは推測している。

第五章

五輪とリニアは極道の米櫃

残土処理の隙間

平成28年晩夏。

東京・台東区内の都市ホテルにある喫茶室の奥まった席に、50代ほどの男3人の姿があった。喫茶室の入り口に正対する半円形のシート右端に座っている白のブレザー姿の男が、六代目山口組の古参組織の大幹部Aである。彼の左手首にはフランクミュラー・マスタースクエアが光っている。彼の隣に座るスーツ姿のWとMは、他の組織の代表として加わっている企業舎弟である。いずれも警視庁組対4課が暴力団の共生者に指定している男たちだ。

大幹部Aの所属する組織とWやMが出入りしている組織との関係は、田岡三代目時代からのもので、分裂以降もその濃密な関係は変わっていない。

同年の春、Aの叔父貴にあたる大幹部が、私に彼を紹介してくれた。

その大幹部の話によると、古い付き合いの神戸山口組系組織と関東の組織の3者でタッグを組んで、五輪関連施設とリニア関連工事の受注を目指しているのだといった。

五輪関連工事には、東京都の指名入札権を持つ関東系組織の傘下にある企業を前面に立てて受注を狙うのだと、この大幹部は私に話してくれた。

これらの受注工作資金として1億円を準備したという。これだけの巨額資金を投入する腹なのだから、アガリは相当な額になるのだろう。

リニア新幹線の建設工事は、品川―名古屋間だけで投入される資金は約5・5兆円だ。さらに名古屋―大阪間を加えると総工事費は9兆円を超える巨大プロジェクトになる。その波及効果も大きいだけに、カネに目ざとい極道たちが狙わないわけがないのである。

計画によると、品川―名古屋間の開業予定は2027年。大阪までとなると、首相の鶴の一声で当初計画が8年前倒しとなったとしても、名古屋―大阪間の工事開始は10年以上も先の話になる。

ゼネコン側からすれば、まず、品川―名古屋間の工事を計画通り進めることが重要になる。それは虎視眈々《こしたんたん》と受注を狙う極道たちにとっても同じである。

まだ、工事の一部発注が始まったばかりである。超難工事とみられている品川駅や南アルプスなど、工期の長いものからJR東海は工事契約を進めている。すでに一部の工事は着工しているが、本格化するのはこれからである。

たびたび数字が出てきて読みにくいと思うが、少しだけ工事計画を説明しておこう。

すでに動き出しているリニア中央新幹線の品川―名古屋間の工事は、総延長約286キロメートル。このうち9割近くがトンネルである。車両基地回送線や延長1キロ未満も含めるとトンネル部分の総延長は、なんと約256キロメートルにもなる。

このトンネル工事を大きく分けると、山岳トンネルと都市部の大深度地下トンネルになる。山岳トンネルは、本坑だけで合計16本、総延長約140キロメートルで、最長は南アルプスの25キロメートル、次いで中央アルプスの23・2キロメートル、伊那山地15・3キロメートルとなる。

また、前述の本坑以外に斜坑、先進坑、連絡坑も必要になる。このうち斜坑だけでも28本もあり、総延長は35キロメートルにもなるのである。

山岳トンネルで最難関工事といわれる南アルプスは、掘削面上部から地上までの高さ1・4キロメートルと、国内最大だった上越新幹線の大清水トンネルを上回る深さなのだ。また、本坑25キロメートル以外にも斜坑だけで7本。さらに大井川など水源への影響を最小限に抑えるために導水路トンネルも掘ることになる。

一方、都市部は品川駅から橋本駅（仮称・神奈川県）間の山梨県側までトンネルとなり、品川駅から町田市周辺までの約35キロメートルは、特別処置法に基づく工事で、深さは40メートルから最大で約110メートルである。

この都市部の大深度地下トンネルは、土砂や粘土といったやわらかい地盤に適したシールド工法で掘削される。都市部の地下鉄などもこの工法である。

あたり前のことだが、この工法で使用されるシールド機を地下に出し入れするための立坑が必要になる。リニア新幹線の都市部では合計13ヵ所が計画されている。東京の北品川、町田市、川崎市の東百合丘、梶ケ谷、愛知の春日井市坂下などが候補地である。

地下100メートルという大深度の立坑を掘る工事は、機材や掘り出した土砂の置き場を地上に確保する必要がある。だが、この地上ヤードの設置は進んでいない。周辺住民が工事の騒音やトラックの頻繁な往来などに懸念を持っているからである。

大深度地下トンネル建設の最大の問題は、排出される膨大な残土の処理方法である。

専門家の推定によると、リニア新幹線工事によって排出される残土量は、５６８０万立方メートルになるといわれる。そのうち都市部の東京都が約６００万立方メートル、神奈川県が１１４０万立方メートルになるという。

当然のことながら、山岳トンネル工事からも大量の残土が出る。

ＪＲ東海によると、関東や中部の山間部の谷を埋め立てて車両基地を作る計画があるので、その埋め立てに利用する予定なのだそうである。しかし、都市部では、用地を探している状況なのだ。国交省詰めの新聞記者が、次のように証言する。

「現在、国交省では、こうした残土の処理先を探している事業者と、いくつかの用地候補を持つ自治体とのマッチングを始めましたよ。例えば、東京都の場合、東部には低地帯がありますので、その防災上の観点から高台化を進めているんですね。この計画に都市部のリニア新幹線工事から出る残土を利用してはどうかという考えがあるんです」

そのトップバッターとして、葛飾区の新小岩公園の高台化工事が候補にあがっているそうだ。

この新小岩公園高台化計画は、大規模水害時の避難地や防災拠点として整備する計画が進められている。

この防災高台整備事業は、原則として残土を処理する事業者が、土地造成の費用を全額負担することになっている。このリニア新幹線の場合でいうと、葛飾区とＪＲ東海が共同事業者となって、高台化工事をゼネコンに発注するわけだが、その工事代金は全額ＪＲ東海持ちということになる。前出の新聞記者がいう。

「自治体にとっては経費負担がゼロの事業ということで、議会の承認も得やすいメリットがある。その一方、ＪＲ東海の協力企業として参加を狙っているブラック企業をチェックする機能が甘くなる心配がありますよね」と。

新小岩公園高台化工事は施工期間10年を想定している。地盤改良、盛土工事の時期は平成29年後半から同37年までとなっている。ただ、同事業に必要な盛り土の量は約22万立方メートルにすぎない。墨田、江東区など他区の高台化事業を複数含めても、東京都内から出る残土をすべて処理するには程遠いというのが実態である。前出の新聞記者が、いう。

「リニア工事で都内から出る残土を、すべての公園の高台化に使用すると仮定した場合、新小岩公園規模の工事が、ざっと27個分必要になる計算です。こんなことは現実的じゃないから、当然、残土処分場ないしは仮置き場を別途確保することが求められる。ここに得体のしれない業者が跋扈《ばっこ》する余地があるんですね」

残土の運搬も悩ましい問題のひとつである。前出の新聞記者が次のように解説する。

「品川駅地下から出る残土を処分場などに運ぶ場合、トラック輸送に頼ったら都内の道路は大渋滞におちいりますよ。当然、それに伴って騒音や排気ガスの問題が発生しますよね。いま、この解決策が求められているんですよ」

六代目山口組直系組織の大幹部Aの叔父貴に、この難問への対応策をぶつけたら、こんな答えが返ってきた。

「わしらは、ずーっと前から考えておったよ。船を使うんよ。いま、国内の小さな船会社は仕事がなくて困っておるからな……」

これらの工事を円滑に受注するために、彼らは何人ものゼネコンOBを顧問に雇っている。たぶん、そうした連中のアドバイスによるものなのだろう。

彼の話によると、品川や川崎の工事現場から出る残土は、いったん、トラックで東京湾臨海部まで運び、そこからは船便にする計画書をつくって、JR東海側に残土処理業者の免許を申請するのだそうである。そして、こう続ける。

「大きい声じゃいえんが、残土処理業者の資格を取ったら、あとはなんでもできるやろ。資格を取ることが大事なんや……」

ある日、ホテルの喫茶室に陣取るAに、残土問題をたずねると、こんな答えが返ってきた。

「ああ、ポチポチいっとるよ。3つ、決まった……」

東京都下と川崎市内、そして、埼玉県内だそうである。

「山林地帯ですか」

「うん、そういうとこもあるよ」

「たとえば、海とか川の近くは、どうですか」

Aが厳しい目つきになった。

「あんた、いろいろ聞くんやね」

図星を刺されたという表情だった。

「残土の処分場については、これでおしまいですか」

「まだ、たらんやろ」

隣にいるWの顔を見ながら、Aは、そういった。

企業舎弟のMが、こんなことを冗談めかした口調でいった言葉を覚えている。

「残土を運搬や処分する業者には、こっちが発行するチケットを購入してもらう。10トントラック1台分が3万円でね。このチケットは闇でどんどん刷ったらええんやから、笑いが止まらんよ……」

あらかじめ処分場の面積で、扱える残土量は決まっている。つまり、天井があるわけだが、彼らは、そんなことは意に介さない。規定よりも高く積み上げてしまえばいいと考えているのだ。

そして、続けた。

「1万円札を刷る印刷機を手に入れたようなものだ」と。

都議会の実力者が絡む下請け業

次いで五輪関連施設の受注獲得をめぐる問題に移る。

関東系組織を後ろ盾とする企業舎弟のMは、30代の頃、東北地方選出の国会議員秘書をしていた経験を持つ。

その時にできた人脈を使って、いまも政治家と頻繁に接触している。彼に取材要請の電話をした時、「いま、議員会館にいるんだ。あとでこっちからかけなおすよ」といわれたことが何度もあるほどだ。

彼の人脈は、驚くほど広い。

平成27年5月、自民党の二階俊博幹事長が、政治家や経済人など3000人を引き連れて訪中した際、Mは、その随員《ずいいん》の1人として参加している。

そのMに五輪施設や付帯工事の獲得見込みについてたずねてみたことがある。

「私らは見込みのない仕事には手を出しませんよ。大切なカネを預かって動いているんですから」

自信満々である。

「獲得に失敗したら、ヤバイ?」

冗談めかして、こうたずねてみた。

「うーん」

ちょっと間をおいてから、彼は、いった。

「まあね」

過去、山口組の執行部に座る大幹部からシノギの軍資金を預かったまま行方不明になっている企業舎弟のケースがいくつもある。

その話を極道関係者に確かめると、「いま頃、地下で眠ってるさ」と、彼らは、こともなげにいっていた。

また、京都の地上げを請け負ったが失敗した許永中が、中野会（中野太郎会長、解散）から追い込みをかけられ、別件の裁判に出廷する際には物々しい警備態勢が敷かれた話は有名だ。

これらの前例でもわかる通り、Mたちは命がけで日々駆け回っているのである。

「2次下請けにしろ、3次下請けにしろ、もぐり込むのは大変でしょう？」

「そりゃあ、簡単じゃないさ。でも、こっちには武器がある……」

彼のいう武器とは、ひとことでいえば人材派遣である。下請けに加えてもらえれば、一般労務者から技術者まで派遣することをセールスポイントにしているそうである。

うだるような暑さのある日、東京・千代田区内にあるU都議の個人事務所へMと一緒に向かった。

U都議は五輪組織委員会の森喜朗会長とは昵懇《じっこん》の間柄で、二階俊博自民党幹事長とも近い関係にある都議会の実力者といわれている人物である。都庁の幹部で彼の息がかかっていない者はいないとまでいわれるほどで、彼のシンパは都庁内の隅々にまで広がっているそうである。同事務所の待合室には、面会待ちの人がゴマンといた。彼の力を頼って何やら陳情《ちんじょう》にきているのだろう。その光景を横目でちらっと見たMは、女性職員の耳元で何やらささやいた。

その後、急ぎ足でUの執務室から出てきた彼女は、

「5分だけということで……」

と、Mに告げた。

彼は、長蛇の列の先頭を飛び越えて、Uの執務室に入っていった。

Mは、きっちり5分後に、私の前に姿を見せた。

「用事は済んだの？」

「ええ」

彼は短く答え、大股でビルの玄関に向かった。

帰途、近くの喫茶店に入った。

ほんの数分しか歩いていないのに、2人とも汗だくになっていた。

大物都議に何を依頼してきたのか。

気になって仕方がなかった。

おしぼりで首筋をぬぐいながら、私は、カドが立たないような質問の形を考えていた。

「大見出しが立つような話じゃなかったですよ」

私の気持ちを忖度《そんたく》したのか、Mは自分から話し始めた。

「で、どんな話？」

水を向けてみた。

「Uさんから頼まれていた電気工事関係の技術者というか職人を確保できたので、いつでも、どーぞって、いってきただけ」

彼は、以前、面白いことをいっていたことがある。

組織暴力団の直参クラスが持つ組を支社にたとえ、その傘下にある3次、4次団体を規模によって支店や出張所に見立てていたことである。オモテの会社で、これほどの組織網を持つところはザラにはない。上手に活用すれば、何だって調達できるだろう。Mが電気工事関連の人材確保に精を出していたのは、この組織網を使ってのことなのかもしれないと、私は推測していた。

「何人、確保できたの？」

「15人」

「どこで働かせるの？」

「Uさんの関係する会社が落札したオリンピック施設ですよ」

「……」

「彼には、いろいろ頼まれてね。こっちも命がけの大事なお願いごとをしているから断れないというか、ま、手土産代わりってとこかなぁ」

「今度は何を依頼されたの？」

「植木屋……」

「？」

私の怪訝《けげん》な表情を見て、Mが紅茶をすする手を止めて、いった。

「オリンピック施設には、周囲を緑化しなければいけないとこが3、4ヵ所あるんですよ。そこで使うんだろうな」

U都議の関連会社にF植木という造園業者がある。同社は新国立競技場や臨海副都心の公園などの緑地業務を東京都から受注している。Mに依頼した植木職人は、これらの仕事に使う要員ではと想像している。

さて、こうした便宜を図りながらMは、実力者を前面に立てて五輪施設の2次、3次下請けに食い込んでいるのだ。

新設する五輪施設は、大きく分けて2種類ある。五輪後も使用する恒久施設と、五輪閉幕後に取り壊す仮設施設とである。恒久施設の建設費は都の負担だから、都議会の実力者Uの力が存分に発揮されるわけである。

恒久施設は7ヵ所中3ヵ所の受発注が決まっている。都庁詰めの新聞記者が、次のように解説する。

「新規の恒久施設は、その後のメンテナンスも受注業者が担当することが多いんですよ。だから長期でオイシイ思いのできる工事なんだといわれていますね」と。

恒久施設のひとつである有明アリーナ（バレーボール会場）の整備費は404億円で、竹中工務店を中心とする7社構成のJV（ジョイントベンチャー）が受注した。

また、オリンピックアクアティクスセンター（水泳会場）は683億円で、大林組を中心とした7社構成のJVが受注している。

この二つの施設のJVの中には、U都議と親密な間柄にあるT社（東京・千代田区）も含まれている。前出の新聞記者が、次のように証言する。

「このうち有明アリーナの受注の経緯が、何とも釈然としないんですね。というのも竹中・T社のJVは鹿島建設のJVより9億円以上も入札価格が高かったんです。つまり、価格ポイントで負けていたんです。でも、技術点で満点の60ポイントをあげたため、逆転落札に成功したんです。鹿島建設の技術点は53・4ポイントだったといわれていますから、ほぼ7ポイント差だったわけです。専門家の話では、技術点でこれだけの大差ができるのは、きわめて珍しいことのようですよ」と。

先ほどのMの話に出てきた植木職人の需要の件だが、U都議と近しい関係にあるTが、平成23年から3年契約で、造園業のF植木に臨海副都心の公園などの緑地化業務を7900万円で発注している。発注元のTは平成20年に民営化されるまで、東京都の外郭団体の財団法人だったところである。企業舎弟のMが、Uに食らいついている理由が、これでおわかりいただけたかと思う。

東京で新設される五輪施設のうち残る大規模プロジェクトは選手村である。五輪終了後に複数のマンション建設が予定されている。前出の新聞記者が、次のように解説する。

「ここには三井不動産レジデンシャルを代表とする複数のデベロッパーが、事業協力者に名を連ねています。どのゼネコンがどのデベロッパーと組むのか。すでにゼネコン側では、大体、わかっているそうですよ」と。

ここもMたちの力の見せどころである。

神戸山口組直系組織の企業舎弟であるWは、大手金融機関の出身ということもあって、中規模企業の財務に明るい。

その特徴を生かして彼は、五輪施設の2次、3次下請けに参画する企業相手に、運転資金の融資を行う仕事を進めている。

労務費や材料費の高騰などもあって、下請け企業の台所は厳しい状態にある。施設が完成するまでの間の資金の裏付けが、業者側には絶対に必要になっているのだ。

そこに目をつけて融資を進めるのである。金利は大手金融機関よりも若干高め程度だから高利貸ではない。それでも喜んで融資をする。そのあたりの事情について、かつてWは、こんなことをいっていたことがある。

「融資した金を返してくれなくても、私たちの商売は成立するんです。彼らが破産すれば、その時には会社整理なり債権取り立てで、なんぼでも剥ぎ取れますから」と。

二つの山口組と関東系組織による3者のシノギは、いま、全速力で突っ走っている。

狙われるカジノ市場

カネの匂いを嗅ぎとった、豊富な資金力のある極道たちは、いま、カジノ問題を猛勉強中だそうである。

平成28年12月15日、カジノを中心とする統合型リゾート（IR）整備推進法、いわゆるカジノ法が同日未明、自民党と日本維新の会などの賛成多数で可決、成立した。

カジノ法は、カジノに宿泊施設や会議場などを併設した統合リゾートの整備を促す内容で、基本法という位置づけだ。

運営業者の選定基準やギャンブル依存症対策については、1年以内に政府が整備する実施法案に盛り込まれる。

国会審議では、自民党が参院審議を踏まえ独自に法案を修正、ギャンブル依存症対策の強化や、施行後5年以内に法律を見直す規定などを盛り込んだ。

同29年5月31日、リゾート法に関する政府の有識者会議（議長・山内弘隆一橋大学大学院教授）を開き、リゾート施設の運営に免許制を導入する案を議論した。

免許は更新制とし、国が運営会社の事業内容や経営状態を定期的に審査できるようにする。今秋の臨時国会へ提出を目指す実施法案に反映させる。

運営会社については、米国などの制度を参考に、免許を持つ事業者のみがＩＲ施設を運営できるようにする方針だ。

また、事業者の経営の透明性を確保し、反社会的勢力の温床となることを防ぐ。事業者の株主や取引先にも認可制を導入することを想定している。認可対象となる株主は、カジノ事業への影響力の大きさを考慮し、議決権、株式または持ち分の保有割合が５％以上の株主に限る方向で検討するという。

ＩＲ事業関係者の調査を徹底するため、調査権限や人員を、カジノ管理委員会に付与する必要性でも確認した。今後はマネーロンダリング（資金洗浄）の防止策なども話し合う。

ＩＲ立地区域の認定時期は、２０２０〜２０２１年頃となる見通しである。リゾート施設建設区域数は２〜３ヵ所など少数に限る方針だという。安倍晋三首相を本部長とする推進本部が運営基準の骨子を、平成29年夏をメドにまとめる。

10年余りにわたり世界のカジノ業界の中心はマカオだったが、中国政府の反腐敗運動で、同地へのＶＩＰ客は激減した。この穴を埋める次の目玉として業界筋が期待しているのが日本のカジノである。

カジノ事業の成功は、そのＩＲ運営会社の手腕によるところが大きい。

米ラスベガス・サンズとマレーシアのゲンティンが、シンガポールで運営する二つの大型リゾート施設は、シンガポールをマカオとラスベガスに次ぐ世界3位のカジノ市場に押し上げたといわれている。

ブルームバーグの配信記事によると、日本はアジアの他のどのカジノ市場とも異なる市場になるだろうと予測している。

日本は他のアジア諸国と違い、人口が多く、国民1人あたりの所得も高いため、中国など外国からの顧客に頼る必要はないからだという。

投資銀行ＣＬＳＡの推定によると、日本の年間カジノ収入は、いずれ２５０億ドル（記事配信当時の為替レートで約3兆円）超に達する可能性があるとしている。これはラスベガスの平成27年のカジノ収入の4倍近くに相当する。

そして同記事は、カジノ運営会社にとって、「日本は開拓すれば、近い将来に最大の収入とキャッシュフローを生み出してくれる未開拓地だ」と結んでいる。

こうした予測は、日本でのカジノ解禁に向け活発なロビー活動を繰り広げているラスベガス・サンズやＭＧＭリゾーツ・インターナショナルなど、グローバル展開するカジノ運営会社にとって歓迎すべきニュースであろう。事実、彼らが日本市場に期待している様子を伝える報道も増えている。

まず、ハードロックカフェ・インターナショナルのアジア事業開発担当副社長のダニエル・チェンは、「日本は超大型版シンガポールとなり、マカオを抜く可能性さえある」と指摘する。すでにＭＧＭは東京に開発チームを設置し、知名度を上げるために、歌舞伎の後援も行っているなど、涙ぐましい努力を続けている。

マカオで二つのカジノ施設を運営するウィン・リゾーツも、日本進出に熱意を示している。同社のＳ・ウィン最高経営責任者（ＣＥＯ）は、「完全に日本でわが社を成功させるチャンスであり、１００％興味をそそられる」とコメントしている。

マカオのカジノ運営大手・銀河娯楽集団は、日本でのカジノ参入に向けて、モナコのモンテカルロＳＢＭと提携したと、平成29年３月29日に発表した。

欧州の高級リゾート開発・運営ノウハウを取り入れ、カジノを中核とする統合型リゾートの誘致を目指している自治体にアピールする。

銀河娯楽は香港資本で、マカオで大型ＩＲ「ギャラクシー・マカオ」を運営している。カジノ法の成立をにらみ、東京に事務所を開くなど、日本市場への参入をうかがっていた。モンテカルロＳＢＭは、フランス南端のモナコ公国でカジノや高級ホテル、レストラン、オペラハウスを運営している。

投資銀行ＣＬＳＡのリポートによれば、人口が集中する場所に二つのＩＲを開業すれば、

１００億ドルの収入につながる可能性があり、これが全国展開で２５０億ドルにふくらむ可能性もあるという。また、同投資銀行のアナリスト、Ｊ・デフィバウは、ＩＲという形をとることで、日本のカジノ施設は急速にスケールを拡大できるだろうと指摘。会議場からだけでも、「一度に数万人の訪問客」を見込めると述べている。

米国のカジノに1万台のスロットマシンを販売するコナミの坂本哲専務は、日本のＩＲにとって大切なことは「雇用、経済効果、そして税収を確保することだ」と指摘している。そして、健全なカジノ法整備が進んだ場合、同市場に参入し、米国を上回るシェア獲得を目指す方針を明らかにした。

日本のカジノ事業の規模について坂本哲は、カジノをはじめとするレストランやホテルなどの娯楽収入で日本のＩＲは40兆円規模の市場になり得ると予想している。さらに彼は、日本の法整備について、世界的にも基準が厳しい米ネバダ州並みの規制とすれば、米国を中心に事業を展開するカジノ運営大手なども参入しやすくなるとみている。

五輪やリニア関連のシノギを終えた後、極道たちが標的と定めているのがカジノである。古参の山口組ウォッチャーは、次のように解説する。

「経済基盤がしっかりした組になると、米国やマカオのカジノでマネージャーとして働いていたＯＢを高額の報酬で招き、幹部らを集めて勉強会を開いていますよ。私も一度顔を出したことがありますが、とってもためになる勉強会でしたね」と。

レジャー白書によると、平成26年のパチンコ平均消費額（1人当たり）は年間約300万円だ。勝ち負けを抜きにして月25万円を使える層が、パチンコ人口の主流なのである。カジノは、この層よりもはるかに可処分所得が高い層をターゲットにしている。

「世界の裕福層向けのカジノを作らなければ、都市にあるだけに防犯や安全保障面でも非常に危ういと語っている講師がいました」（前出の山口組ウォッチャーの話）

コナミは前述したように、米国のカジノ機器市場に参入しているが、パチンコ店チェーンを展開するマルハンはカンボジアで銀行を経営している。これは将来のカジノ運営を考えてのことと報じられている。前出の山口組ウォッチャーが語る。

「負けて払えませんということがないように、カジノではチップの額に相当する金額を、一種の預託金として『カジノ口座』に預け入れなければならないんです。極道などの地下経済の人間が、カジノを大歓迎する理由は、この『カジノ口座』にあるのです」と。

カジノの決済は、いうまでもないことだが現金である。しかも、匿名性が非常に強い現金なのである。「使用されるのも現金、払いもどされるのも現金。これがウラ経済の人間にとって、とっても重要なことなのです」（前出の山口組ウォッチャーの話）

金融システムの発達した現在、電子化された現金の動きは、常時、国際機関に監視されている。麻薬取引からテロ組織への武器取引まで、犯罪を現金の動きで覚知するわけである。その時に生きてくるのがカジノ口座なのだそうである。前出の山口組ウォッチャーが、解説する。

「ハイローラー（高額な賭け金で遊ぶ客）用のカジノ口座こそ巨大な現金を出し入れすることができる。面倒な銀行保証も必要ないし、自由に動かすことができるのですから。10万ドルのチップなら約1000万円、10枚なら1億円です。掌に隠れるほどの分量ですからねぇ」

カジノチップにはICが入っている。誰に払い出されたのかがわかるようになっている。しかし、専門家にいわせると、その〝誰か〟を特定できるのは、FBIやCIAクラスの技術や経験がなければ難しいそうである。

「この話を聞いた時、拳銃や麻薬などの決済にカジノを使うウラの人間もいるなと思いましたね」（前出の山口組ウォッチャーの話）

ヤクなどの取引現場で、直接チップを相手側に手渡してしまえば、それで決済ができるのだから、カジノは、あらゆる犯罪収益の行きかう場所になりそうだ。

前述したように、日本のカジノ市場への参入を狙っている有望企業は、米MGMとシンガポールのゲンティングループである。運営企業がMGMに決まれば犯罪収益は米国へ流れ、ゲンティングループならアジアに行くだろう。日本でハイローラー用のカジノ口座に入金して、同系列企業の海外カジノ銀行から引き出せばいいのだから、地下銀行代わりにもなるのである。

日本のカジノ市場規模は約40兆円と推定されていることは前述した。この経済規模から考えて、ジャパン・カジノは、既存の極道組織にも巨大な利益をもたらすと推測されている。

大都市部に本拠地を持つ広域組織内では、すでに「カジノで何ができるか」という研究が、弁護士やコンサルタントを招いて始められているそうだ。前出の山口組ウォッチャーが、次のように解説する。

「いってみればカジノは官製バクチですから、カジノ関連でシノギをする場合は、警察当局と融通しあわなければならないでしょう。それができるのは歴史的背景から関東系の組織でしょうかね。山口組ですが、六代目側は反警察色を鮮明にしている弘道会が仕切っている限りアウトですね。ことジョイントを組むと、トバッチリを受ける危険があるから、どこの組も近寄らないでしょうな。神戸側は山健組を含めて柔軟性がありますから、（参入は）アリかもしれません」

売春、金貸しなどの派生産業が、彼らによって生まれることが想像できるという。また、悪質なトラブルの後始末には暴力が最も効果的だから、〝ウラ警備隊〟のような組織が作られるかもしれないという。

海外への資金逃避

平成29年6月7日付日経新聞は、「パナマ文書、約400の日本在住者・企業が関与」との見出しを立てて、次のように報じている。

「国際調査報道ジャーナリスト協会（ＩＣＩＪ）は、タックスヘイブン（租税回避地）の利用実態をあばいた『パナマ文書』に関し、約21万社のペーパーカンパニー名をホームページ上で公開した。こうしたペーパーカンパニーに関与している日本在住の個人と日本企業は合わせて約400にのぼり、大手商社などの名前が確認された。

文書はパナマの法律事務所『モサック・フォンセカ』の約40年分の内部資料。ペーパーカンパニーに加え、その役員や株主に就いている個人や法人名が公表された。

ICIJはパナマ文書に含まれるペーパーカンパニー約21万社の名前、所在する国・地域などの情報をデータベースの形式で公表した。

このデータベースには約21万社とは別に、平成25年にICIJが公開した『オフショアリークス』のペーパーカンパニー約10万社も含まれる。

ペーパーカンパニーは英領ヴァージン諸島やパナマ、バハマなどのタックスヘイブンに設立された」

この報道の後、発表されたデータをNHKが手作業で調べなおしたところ、716人の日本人の名前が確認できたという。

私立大学の理事長、著名な音楽プロデューサー、漫画家、元暴力団員や脱税や詐欺の罪で過去に摘発されたヤミの紳士らがいたという。

NHKの取材で巨額の年金資金を焼失させた「AIJ投資顧問」の元社長が、租税回避地にあるペーパー会社を悪用して株価操作などを行っていたことを認めている。

このパナマ文書に出てくる有名人の名前を夕刊紙の記者が、次のように明かす。

「音楽プロデューサーの小室哲哉や天木直人、『キャンディ・キャンディ』のいがらしゆみこなどが租税回避地の法人役員に就任していたことがわかっていますね」と。

さらに同記者は、こんなことも語る。

「この文書に出てくる日本人は、やはりというか、名前をいえば誰もが知っているＩＴなど、ベンチャー企業の元・現社長や役員が目立ちますね。

投資家や投資コンサルタントに加えて、飲食チェーンや不動産などの実業家、公認会計士や税理士、個人経営の病院長などの医療関係者、そして大学教授も名を連ねていましたよ。

意外というのもなんだけど、地元では知られた地方の老舗、有名企業の社長、役員の名前も少なからず見受けられました」

憤懣《ふんまん》やるかたなしという面持ちで、同記者は、さらに続ける。

「平成25年時点で、租税回避地のケイマン諸島だけで55兆円が流れているんです。今回のパナマ文書の規模を考えると、日本から数百兆円が海外に流れ、日本の大企業や裕福な個人が払うべきはずだった税金がスルーされてしまっていたのです」と。

話を本論にもどそう。

アサヒ芸能誌（平成28年6月9日号）が、「二つの山口組とパナマ文書」という記事の中で、「二つの山口組のある中核幹部の関連会社の名前があり、捜査関係者が注目している」と報じている。山口組ウォッチャーが、次のようにいう。

「現在、暴力団員は銀行口座を取得できない。だが、おカネを所持しているだけでは増えないし、資金移動のためには脱法的に銀行口座を取得して、取引を行わなければいけない。それを可能にするのがタックスヘイブン（租税回避地）ですよ。暴力団関係者と呼ばれる企業舎弟や共生者が、香港、シンガポールなどに形ばかりの会社を作り、その会社を株主にしてヴァージン諸島で取引を行うのです」と。

資金力が豊富な極道たちは、金融機関出身者を何人も企業舎弟や共生者として抱えている。彼らが身につけている語学力や専門性によって、香港、インドネシア、カンボジア、タイなど、主に東南アジア諸国を担当させ、貿易、金融、投資などで資金運用をまかせているのである。

暴排条例施行後、暴力団構成員は、国内で銀行口座や証券口座は開設できなくなり、金融取引も禁止された。だが、タックスヘイブンを使えば、そのくびきから逃れられる。それが暴力団の海外進出の背景なのである。前出の山口組ウォッチャーが、次のように解説する。

「シノギ上手で知られる組の大幹部から聞いた話ですが、ヴァージン諸島などでは、ペーパーカンパニー名義で、銀行口座を作ることができるんだそうです。だから、香港あたりで会社を立ち上げ、そこを法人株主にしてヴァージンでペーパー会社を設立するわけですよ。あとはこの名義で銀行口座を作ればいいだけ。

ダーティな取引で得たカネだって、その口座に預金しとけば、きれいなカネとして日本国内で使える。個人名は隠せるし、税金もかからないと、笑っていってましたよ」と。

山口組には国内で不法に得たカネを、海外に逃がしていた過去がある。１００億円からの大金を庶民からだまし取っていた、例のヤミ金事件のことである。

平成10年、外国為替法が改正され、日本に住む人なら、だれでも自由に海外に銀行口座を開設して、国内にある現預金を海外の銀行口座に送金することができるようになった。

その直後に五菱会（現・六代目清水一家）が、ヤミ金で稼いだ約１００億円を、タックスヘイブンを経由してスイスの銀行に預け、マネーロンダリングをしていた。

当時、スイスの銀行は、秘密保持の姿勢が非常に強く、それをウリにしていかがわしい金を集めていた。つまり、極道たちにとってスイスの銀行は、資金逃避にうってつけのところだったのである。

平成15年、警視庁の懸命な捜査によって、ヤミ金の胴元である五菱会の会長だった梶山進が逮捕されたことで、スイスに逃避させていたヤミ金のアガリが、すっかり没収されたのである。なお、没収金は、日本政府とスイス政府で山分けにされたそうである。前出の山口組ウォッチャーが語る。

「たしか、その頃からでしたよ、海外にカネを逃がすという手口が、山口組の常套手段になったのは……」

そして、こう続ける。

「法律や条例によって締め出された結果、海を越えて活躍する極道が生み出されたのでしょう。こうした現代的な極道たちが、山口組分裂抗争の資金源を担っているのだと思いますね」と。

名古屋の黒いトライアングル

「あの金塊窃盗事件があぶりだした事実は窃盗犯グループと愛知県警との癒着でした。私は、この人間関係に弘道会も一枚加わっているとみています」

と、山口組ウォッチャーが語る。

金塊160キロ（7億5000万円相当）が盗まれた事件は、平成28年7月8日午前9時半頃に発生した。地元の新聞記者が、次のように解説する。

「事件が起きる前日に転売目的で購入した金塊を、5個のアタッシュケースに入れて、被害者たちは貴金属店に向かいました。JR博多駅・筑紫口近くのビルのエレベーターに通じるエントランスで、ひと息入れるために立ち止まったんです。そのタイミングを狙っていたかのように、警官の制服に似た服装の男数人が『おい、警察、警察』、『金の密売事件で捜査している。（アタッシュケースの）中身が密輸品であることは分かっている』などと声をかけてきたそうです……」

一瞬、被害者たちは、たじろいだ。

警官風の男らは、あっけにとられている被害者たちを尻目に、アタッシュケースの点検をするふりを始めた。

「被害者たちが、携帯電話をかけるために目をちょっと離した隙に、アタッシュケースをビル前に止めてあった車に積み込み逃走したというんですね。あまりにも間が抜けた話なので、当初は狂言ではと思いましたよ」（前出の新聞記者）

窃盗犯らが着ていた警官の制服に似た衣服が山口県内で発見された。

また、逃走に使われたワンボックス型のレンタカーは、事件当日に、広島県内で返却されていたことも判明した。犯行現場付近の防犯カメラの映像が集められ、徹底的に解析が進められた。前出の新聞記者が説明する。

「事件から1週間のうちに、強奪された金塊の半分強にあたる約4億円分が数回に分けて、都内の貴金属店で換金されていたことが捜査で分かってきたのです」

平成29年3月、この貴金属店などが盗品と知りながら換金にかかわった疑いがあるとして、盗品等処分斡旋容疑で福岡県警がガサ入れした。

捨てられていた警官の制服に似た衣服から実行犯の一部につながるDNAが検出された。同年5月22日、金塊窃盗事件の実行犯4人を窃盗容疑で逮捕した他、換金にかかわった2人を盗品等処分斡旋容疑で、翌23日には実行行為にかかわったとして1人を窃盗容疑で逮捕した。福岡県警は、まだ、検挙には至っていない3人を指名手配し、公開捜査を進めた。同月24日、指名手配中の1人を逮捕した。

同月29日午後、指名手配中の2人が乗った乗用車が、名古屋市内で交通事故を起こした。前出の新聞記者が、次のように説明する。

「29日午後零時50分頃でした。指名手配中の野口直樹と中垣龍一郎が乗った乗用車が、名古屋市中村区則武本通3丁目の交差点で、別の車と衝突し横転する事故を起こしたんです。この事故の直前にパトカーの警官が職質をしようと現場付近で停車を求めたところ逃げ出し、この衝突事故を起こしたんですよ」

金塊の取引情報を入手したのは中垣龍一郎である。彼は愛知県日進市の出身で、日常的に弘道会傘下組員と接触していた。金の先物取引にも精通しており、韓国人にも人脈を持っている。

このところ金価格の高値が続く。

そんな経済状況と歩調を合わせるように、大量の金塊が盗まれる事件や、金塊取引のための多額の現金が奪われる事件、そして金塊の密輸事件が頻発している。

平成29年4月20日の白昼、福岡市中央区天神の駐車場で、3億8000万円余の現金が強奪された。東京の貴金属取引会社の男性社員が顔にスプレーを吹き付けられ、銀行から引き出したばかりの3億8000万円をスーツケースごと奪われたのである。この現金は金塊を買い付けるための資金だったという。

平成28年3月には、大阪市内の路上で、金塊を換金した直後の男性が、極道風の複数の男たちに暴行され、現金５７００万円入りのバッグを奪われる事件が発生している。

　この事件から約半年後の同年10月に六代目山口組の司忍組長が創設した組織である三代目司興業の組員２人を含む６人が、大阪府警に強盗容疑で逮捕された。前出の新聞記者が、いう。

「司興業は、金塊窃盗事件の犯人たちが拠点としていた名古屋に本拠を構える三代目弘道会の有力組織でした。この金塊事件と類似した犯行の手口から、暴力団関係者が関与していると福岡県警では見ており、すでに捜査員を名古屋方面に派遣しています」と。

　いずれの事件も多額の金塊取引の情報を事前に入手したうえでの計画的な犯行だ。

　関係者によると、金の取引は現金払いが一般的だという。通常、大量の金塊を売る場合は、買い取り側に現金を用意してもらうため、事前に取引日時を知らせる必要がある。高額の取引になれば、複数人がかかわるケースもあり、当然、事前に取引情報が洩れるリスクが高まる。

　この手の事件が頻発するもうひとつの特徴は、金取引をする客が多い日を特定しやすい点だといわれている。

　その日の金の売買価格は、前日の海外取引の終値を参考にして当日早朝に決められる。したがって、貴金属店の当日の売買価格は、午前９時半頃にホームページで公表されるのが通例だ。だから当日朝には「売り時」「買い時」がわかる仕組みになっているのだ。

　金の値段が上がっていれば、売りたい人が店を訪れて金塊を現金に換えていく。金価格が下がっていれば、多額の現金を持った人が金塊を買いにくる。大手貴金属店では開店前に行列ができ、1日100人以上が売買に訪れるという。山口組ウォッチャーが語る。

「警察の取り締まりが強化されて、国内のシノギが厳しい状況にあります。このせいで資金力の余裕のある組は、日常的に海外市場での、金価格をチェックしています。密輸するにも売買するにも、必要不可欠な作業ですから」と。

金価格が上昇しているせいで、ここ数年、金塊の密輸摘発も急増している。税関によると、平成25年度は全国で8件だったが、26年度は177件、27年度は294件と、うなぎのぼりなのだ。

いくつか実例を挙げてみる。

福岡・天神の駐車場で、金塊購入資金3億8000万円余が強奪された事件が起きた4月20日、福岡空港から香港に無申告で約7億3500万円の現金を持ち出そうとした韓国人4人組が関税法違反容疑で逮捕された。

彼らは、当初、持ち出そうとした現金について、「高級外車フェラーリを買い付けるための資金」と供述していたが、裏付けが取れなかった。さらに捜査を進めた結果、彼らは逮捕される8日前、別の韓国人の男とともに韓国から福岡空港に金塊約6キロ（2800万円相当）を密輸していたことが判明したのである。

捜査関係者によると、彼らが所持していた携帯電話に残されていたデータから、この4人組は、同じ日に10数人の運び屋を使って福岡空港に金塊を密輸入した可能性もあるという。

彼らは、これまで頻繁に韓国と福岡を行き来していたことも明らかになった。福岡県警は、持ち出そうとした7億円余の現金についても密輸に絡むカネだった疑いがあるとみて捜査している。

平成27年12月、東京に拠点を持つ指定暴力団の幹部が、プライベートジェット機を使って、那覇空港に金塊110キロ（約5億円相当）を密輸入したことが発覚した。沖縄地区税関と警視庁、沖縄県警が関税法違反などの容疑で立件を視野に捜査を進めている。捜査関係者の話によると、この暴力団幹部は、約4000万円相当の消費税分の利ザヤを得ようと目論んでいたらしい。

密輸事例を、もうひとつ。

平成29年6月1日、金塊206キロ（約10億円相当）を小型船に乗せ、佐賀県唐津の漁港に密輸したとして、第7管区海上保安本部と佐賀県警などは、斎藤靖昭ら日本人5人と中国人3人の計8人を関税法違反の罪で逮捕した。

彼ら8人は、5月31日、斎藤が所有する小型船第36旭丸で、唐津市鎮西町の名護屋漁港に入港し、同日、港に停めたワゴン車に金塊を積み込んだところを一斉摘発された。

金塊密輸のメリットは、どこにあるのか。

ひと言でいえば、消費税8％分の利ザヤ取りにある。

日本にモノを輸入する際は、国内で消費されることを見越して、8％の消費税が課税される。

たとえば1億円分の金塊を輸入する場合、税関に申告して8％の消費税分、800万円を支払わなくてはならない。これを日本の貴金属店などに持ち込めば、消費税分の800万円を上乗せした金額で買い取ってもらえる。

ところが、密輸をすると消費税の支払いを免れたうえ、売却時には消費税分を乗せた金額を受け取れるため、800万円はそのまま儲けになるわけだ。香港や韓国など外国では金価格に消費税はかけていない。金の密輸が急増した平成26年度は、消費税率が5％から8％に引き上げられた時期でもある。

摘発されるリスクが低いことも金の密輸急増の理由という。前出の新聞記者が語る。

「空港や港で密輸がばれそうになっても、『申告を忘れてしまった』といって、納税すれば違法性は問われないそうですよ。その理由を税関関係者に聞くと、『スムーズな通関の使命がありますので』と、歯切れが悪いですけど……」

この項の冒頭で説明した巨額金塊窃盗グループと愛知県警の関係について話を進める。

福岡県警が、事件現場の防犯カメラの映像を分析して、割り出した一部の容疑者の携帯電話を、通信傍受法に基づいて傍受を開始したのは、事件発生から間もなくのことであった。

その結果、少なくとも3人の愛知県警の警察官が、犯行グループのリーダー格の男と、緊密に連絡を取り合っていることが判明した。福岡県警では、この3人の警官の名前も把握している。その中には、暴力団担当の刑事も含まれていた。平成29年3月に金塊の換金に関与した容疑者の関係先を、福岡県警は家宅捜索しており、押収した証拠物件の中に捜査関連情報が含まれていることが判明したのである。

同県警から連絡を受けた愛知県警監査官室は、6月2日、3人の警察官と金塊窃盗犯らとの関係を、本格的に調査することを明らかにした。前出の新聞記者が、次のように話す。

「事件の主犯格の1人とみられる野口直樹が3月頃に『逮捕は間近だ。教えてくれる人がいる』、『警察は誰が犯人かわかっている』と周囲に話していることもわかってきました。この頃､彼は、1億6000万円の示談金支払いを、弁護士を通じて被害者側に持ちかけてもいます。福岡県警では、名古屋の刑事からの情報を踏まえて逮捕を免れようとしていたとみていますね」と。

それにしても愛知県警の〝サツ官〟は、懲りない面々だ。

平成19年、フィリピンパブの関係者に摘発情報を提供していた巡査長が逮捕され、加重収賄の罪で起訴されている。平成25年には、六代目山口組の大黒柱である弘道会の資金源とみられている風俗店グループの経営者の男に､捜査情報を漏らした容疑で警部が逮捕されているのだ。そして、今回も。あきれてものもいえない。

野口直樹ら金塊窃盗グループは、名古屋を拠点とする半グレ集団で、日頃から愛知県警の警官や弘道会傘下組員と、親密に交際していたと福岡県警ではとらえている。彼らの関係を〝黒いトライアングル〟と表現するジャーナリストがいる。

第六章

弘道会の錬金術

後藤忠政との不可解な土地取引

東京・JR新宿駅南口のすぐわきの更地をめぐって、バブル時代を彷彿とさせる巨額の転売話が飛びかう中で、弘道会の影がチラついている。

新宿駅南口から徒歩3分ばかりの好立地にある約150坪の空き地の売買をめぐり、30億円だ、いや50億円だと、まるで30年前にタイムスリップしたかのような売買話が、不動産ブローカーの間でささやかれていたのである。

平成29年2月末、この土地の不動産登記簿が、強面の所有者から新所有者に書き換えられた。いわく付きの物件に巨額の資金をつぎ込んだのは、設立してまだ4ヵ月しかたっていない資本金1万円という合同会社だった。

この何とも不可解な取引の裏で、一体、何が起こっていたのか。それを語る前に、この土地の来歴を紹介する。

警視庁詰めの新聞記者が、次のように解説する。

「あの土地がキズモノ物件と見なされるようになったのは、13～14年前頃だったかな。後藤組（解散・六代目山口組直参）の関連企業に所有権が移り、実質的な所有者が後藤忠政（元組長）だと、誰もが知るようになったからですよ」

さらに、彼は説明を続ける。

「あの土地には、もともと真珠宮ビルという12階建てのビルが建っていたのですが、このビルの管理会社の顧問だった男が、土地登記交渉のこじれで、後藤組の関係者に刺殺される事件が起きたんです。

さらにこのビルの不正登記で、後藤忠政本人も逮捕されているんですね。その後も東京都の差し押さえが入ったり、国税が動き出したりと、問題があとからあとから噴き出してきたんです」と。

一等地にある物件だけに、利益のおすそ分けにあずかろうと、東西の暴力団やその共生者の影がチラつくため、大手不動産会社はいくら資金力があっても、騒動に巻き込まれるのを嫌がり、買いに動けない。また、同様の理由で金融機関からの融資も期待できないことから、資金力のない中小の業者には手が出なかった。

その一方で、ＪＲ東日本の本社に隣接する土地だけに、違った見方をする不動産ブローカーもいた。前出の新聞記者が、次のように話す。

「この土地を後藤組長から買い取り、2、3回ほど転売を繰り返せば過去の汚れも落ち、クリーンな土地に生まれ変わるはずと断言するブローカーも結構いましたよ」と。

つまり、ややこしい土地というイメージさえぬぐえれば、ものすごい価値を生み出すというのである。

この真珠宮ビル跡地に群がっているブローカーたちの夢は膨らむ一方だ。こんな声もある。

「文字通りのまっさらな土地にできれば、最終的にはJR東が、本社を増築するために買い上げるにちがいない。そうなれば地価は途方もない金額になるはず」と。

前出の新聞記者が、あきれ顔で、次のように話す。

「JR東への最終的な納入額は、50億円を下らないはずだから、この話に何とか乗りたいとブローカーたちは、連日、近所の喫茶店で額を寄せ合うようにして、何やら相談をしてますよ」と。

こうした騒動の中の平成29年、この物件が動いた。

土地登記簿によれば、同年2月20日、この土地を東京・平河町に本社を置く合同会社が、後藤忠政側から買収したのである。

同社は、前年10月末に資本金1万円で設立されたばかりで、本社は賃貸マンションの一室にある。代表者は、たったひとりの実に怪しげな会社である。

興味深い噂話を紹介する。

平成28年3月24日、カンボジアに移住し、同地で金融業を中心に事業を手広く展開し、成功を収めた後藤忠政が帰国した。平成13年に米カリフォルニア大学付属病院で受けた肝臓移植手術の検査のためといわれている。

彼が入院した都内の病院に、弘道会の共生者とみられているDが見舞いに顔を出している。

前出の新聞記者が、次のように語る。

「都心の一等地にテナントビルの建設を計画する弘道会が、後藤と面識のあるDを使者に立てて、真珠宮ビルの跡地の譲渡を打診したというものでした。そんな噂話から1年後に、突然、長年氷づいていた同所が後藤の手から離れたんですから、もしかしたら、と思わぬわけにはいきません」と。

弘道会の共生者とみられているDは、金融畑出身だけに同業界に人脈を広く持ち、会社整理にはピカイチの手腕と高く評価されている人物だ。また、後藤忠政が六代目山口組から除籍処分を受けた際には、髙山清司若頭に面談し、彼の助命と後継組織の直参昇格を強く訴えていたそうである。

たしかに、入院中の後藤を見舞いに行った件だけではなく、Dの姿を永田町で見たとか、新宿で見かけたといった話を、山口組系の企業舎弟から何度か聞いたことがある。

弘道会が都心にテナントビルを計画している理由は、将来的に安定したシノギを考えているからだ。

また、分裂への対策でもあるだろう。

「いまは混とんとした状態だが、カネのある方が、必ず勝ち残る」と、弘道会の幹部が話しているのを聞いたことがある。ひょっとすると、六代目山口組は、対立する神戸山口組や新しく生まれた任侠山口組を〝兵糧攻め〟に持ち込んで、この分裂状態を勝ち抜く作戦なのかもしれない。

さて、この土地を合同会社が購入した価格は27億円前後だったといわれている。前出の新聞記者が、次のように説明する。

「この売買交渉は、合同会社の委任を受けた弁護士と、後藤忠政側の弁護士との間で行われたそうです。あたり前のことですけど、銀行などの金融機関からの融資を受けられるような状況の物件ではありませんから、この土地の買い取り側の合同会社がキャッシュで支払ったと思いますよ」

1坪当たり1800万円、1平方メートル当たりに換算すると545万円ほどということになる計算だ。

同年1月1日に国土交通省が1平方メートル当たりの地価を調査した公示価格が3月22日に公表されている。

JR新宿駅の近隣商業地区の価格と見比べると、西側に1キロメートル離れた三井ビル周辺が1平方メートル当たり930万円。約650メートル離れた北側の商業地区が1520万円である。

公示価格が実勢価格より安くなる傾向を考えあわせれば、合同会社が買収した真珠宮ビル跡地の値段は、決してトンチンカンなものとはいえないだろう。

「それにしても……」

といって、前出の新聞記者が続ける。

「誰が30億円近い大金を、自己資金ゼロに等しい、得体のしれない合同会社に融資して、後藤忠政から買い取らせたのか。実に興味深いところです」と。

普通に考えれば、この取引の裏側にいるのは、中国など外国のファンドあたりということになるのだが……。

当初は、合同会社代表者が何者なのかわからなかったが、少しずつ経歴が明らかになっていくとともに、ほんとうは金主が別筋なのではないかと勘ぐる向きが出てきたという。前出の新聞記者が、次のように明かす。

「この代表者は元金融マンで、勤務していた富士銀行から整理回収機構（ＲＣＣ）に転出した経歴がありました。また、売買契約の最前線に立った弁護士も同じ頃、ＲＣＣに在籍していたことがわかったのです……」

かれこれ20年前、総量規制で土地に融資ができない銀行に取って代わった住専（住宅金融専門会社）７社が、不動産会社に際限なく融資を続けた結果、８兆円を超える不良債権を生じさせる金融危機を招来させた。

暗殺された五代目山口組の宅見勝若頭と昵懇の末野興産社長・末野謙一や桃源社社長の佐佐木吉之助など、少し遅れて出てきたバブル紳士が、次々と表舞台に登場してきた時期でもある。

ＲＣＣは住専の焦げ付いた債権を、これらのバブル紳士たちから容赦なく取り立てる目的で、平成８年に作られた会社が前身となっている。今回、真珠宮ビル跡地の買い手側２人が、このＲＣＣで同僚として働いていたことになる。これは偶然のことなのか、興味深い。

住専問題で登場した末野謙一らバブル紳士たちの多くは、最終的には破綻している。前出の新聞記者の話を続ける。

「住専問題発覚から倒産までの間に時間的余裕があったため、こっそりと資産を隠した連中がいました。いまでも派手な生活を送っている奴がいるんですよ。そんな彼らなら、30億円ぐらいの現金を用意できるんじゃないかな。つまり、買い手の合同会社が土地バブルで甘い汁を吸ったバブル紳士と手を組んだのでは、といった筋書きも飛びかってますね」と。

後藤忠政側から真珠宮ビル跡地を買い取った合同会社は、どのような出口戦略を考えているのだろうか。前出の新聞記者が解説する。

「表向きは、この土地で事業をするといっています。でも、ビルを建設するとなると、莫大な資金がかかりますからね。おまけに真珠宮ビルを壊した時の産業廃棄物が地下に埋めもどされているそうなんです。それを処理するだけでも、さらに数億円の資金が必要になりますよね」と。

こう推測してくると、合同会社には、ＪＲ東か大手不動産会社、あるいは〝大穴〟として、弘道会関連会社に転売する道しか残されていないようにも思えるのだが……。

生コンの利権争い

「うめしん2期工事」（大阪・北地区都市開発）などに代表される大型都市開発案件が目白押

しの関西は、いま、ゼネコン各社が活気づいている。

「採算を重視した優良な手持ち工事だけでも3年分ある」（K建設の話）というから、当分の間、左うちわの好況を満喫できそうである。

当然、種々の建設工事に使用される生コンクリート業界も同様であろうと思っていたが、どうもそうではなさそうなのである。

六代目山口組が分裂する5ヵ月ほど前に、生コン販売業者の悲鳴が聞こえてくるような怪文書が、大阪府警、兵庫県警、そしてゼネコン各社にばらまかれた。同文書の一部を抜粋引用する。なお、登場する生コンの組合名はイニシャルとした。

「私はこれまで大阪でH協組、L協組、K協組の品物を自由に取り扱い、細々ながらもなんとか食ってきました。しかし、今年の4月から3協組が合体し、値段を吊り上げ、零細な販売店は不要なので切る、との情報を入手しました。

しかも驚くことに、そのバックには武闘派労働組合や暴力団がいて、ミカジメ料を生コン会社から取ることになっているとのことです……」

ベテランの山口組ウォッチャーが、次のように解説する。

「これは生コン業界の利権争いを暴露した怪文書ですよ。関西の生コン業界では、この利権争いが山口組分裂の引き金になったのではと話題になったことがありましたよ。

この怪文書が出回ってからというもの、生コン業界では、神戸側につくか、それとも名古屋側につくかで、たびたびモメごとが起こったとか、物騒な話が出ていたって聞きましたよ。このての怪文書は、国税局や大阪府警、それに兵庫県警にも送られているはずです」と。

前述した怪文書の後段を紹介する。

「任意団体を経由して会費を払わせ、巧妙に脱税するらしいです。数億円の金が上納される。こんな無法が許されていいのですか。ちゃんと取り締まってください。真面目に納税している者がバカをみないようにしてください……」

本格的な抗争事件や分裂などの前にはかならず、いくつかの前兆があらわれると、この山口組ウォッチャーは断言する。彼の解説を続けよう。

「その前兆現象のひとつとして起きるのが、フロント企業の争奪戦でしょうか。山一抗争の時も、中野会による宅見若頭暗殺事件の後も、そうでしたからね。

生コン業界と山口組は、昔から深いつながりがありますから、ちょっとした組は、生コン業界内に息のかかった企業をいくつか抱えています。いわゆるフロント企業ですね。

組同士の関係がギグシャクしてくると、まず、ここを狙って揺さぶってくるんです。相手側の資金源を断つという意味もあれば、こちら側に抱き込んでシノギを有利に進めるという狙いもあるでしょうね」と。

モメごとが起こりやすい背景には、関西独特の商習慣があると、前出の山口組ウォッチャーは指摘する。

関西には和歌山や大阪を中心とする大阪広域生コンクリート協同組合と、大阪・兵庫を中心とする阪神地区生コンクリート協同組合の2大労働組合がある。

大阪府警の係官の話によれば、その組合幹部の中に、弘道会寄りと山健組寄りの者がいるのだとか。

もともと大阪の生コンクリート業界は、弘道会とは関係が薄かった、というより、ほとんどなかったのである。ところが、六代目体制が誕生してからは、様子がガラッと変わった。

三重県下の有力な生コン業者が、カネとケツ持ちの弘道会の力にものをいわせて、なかば強引に大阪の生コン会社をM＆Aで傘下におさめ、大阪広域生コンクリート協同組合に加わったのである。前出の山口組ウォッチャーが、次のように解説する。

「大阪広域生コン協同組合の古参幹部には、渡辺五代目時代から山健組と昵懇の者がいます。そういう連中が、これまで関西の生コン業界を仕切ってきたんです。いろいろ出回っている怪文書には、その山健組寄りの古参組合幹部を攻撃している内容の文書が目立ちますね。カネの成る木を得ようと攻勢に出る弘道会と防戦一方の山健組の現状をよく表していますよね。それは山健組の影響力が弱まってきた証明なのかもしれません」と。

シノギをめぐる軋轢の兆候は、もっと前にもあった。六代目山口組系淡海一家による被差別部落解放の運動家として知られる建設業者に対する恐喝事件である。

弘道会傘下の3次団体から六代目山口組の直参に昇格し、髙山清司若頭の側近のひとりとなった淡海一家の髙山誠賢総長らが、この山健組に近い建設業者をホテルの客室に監禁したり、経営する会社事務所に銃弾を撃ち込んだりして4000万円余を脅し取ったうえ、企業舎弟になることを強要した事件である。現在、この一件で髙山若頭と髙山総長は刑務所に収監されている。

髙山らの恐喝のネタは滋賀県日野町の清掃事業とされているが、他にもあった。

京都市には、京滋バイパス（京都—滋賀県）を含む総工費2兆円規模の高速道路建設計画がある。この受注を狙って関西のゼネコン各社が集まっていた。前出の山口組ウォッチャーが、次のように解説する。

「とくに生コン工事の受注をめぐり、淡海一家や弘道会が、この建設業者に自分らの息がかかった企業が加盟している生コン労働協同組合に仕事を回すよう強烈なプレッシャーをかけたといわれています。

つまり、淡海一家による建設業者恐喝事件の背景には、生コン利権をめぐる弘道会と山健組の覇権争いがあると、一部の捜査関係者はみていますね」と。

関西の生コン業界では、かねてから、いくつかの有力な労働組合によって、生コン各社の販売価格を調整する慣習が続いていた。生コンの値崩れを防ぐための防衛的なものといわれているが、平たくいえば、労働組合を利用した談合である。

現在、大手ゼネコン各社は、バックにひかえる政治家や暴力団組織に提供するウラ金つくりの温床となっていた談合組織を解体した。しかし、生コン業界では現在も続いているとみる向きが多い。前出の山口組ウォッチャーは、次のようにいう。

「関西では地域別や会社別の労働組合に加盟している業者でないと、なかなか仕事にありつけない現実があるんです。それだけ組合の取りまとめ役である暴力団のフロント企業が、強い力を持っているともいえますね。少し前までは、山健組系列のフロント企業が幅を利かせていました」

しかし、現在は変化が起きている。

六代目体制になってから力のバランスが崩れてきたのである。前出の山口組ウォッチャーの話を続ける。

「先ほども少し話したように、弘道会系の生コン業者が大阪の労働組合に加わった結果、業界内の秩序が崩れてきたんです。いまや利権争いが過熱状態ですからね」

こうした覇権争いの裏には、生コンの価格変動が大きな影を落としていると指摘する声もある。

ゼネコン不況時には、生コン業者同士が価格のたたき合いをした結果、1立方メートル当たり5000円前後まで下がった。

しかし、東日本大震災以降、生コン価格は高騰した。最近では8000円から1万円ほどだという。特に需要の強い被災地の東北では2万円という高値がついているそうだ。安倍政権による公共事業の急増が原因としてあげられている。

関西地方では公共事業に加え大型の都市開発計画が目白押しということもあって、生コンの価格は堅調である。

業界紙の記者によると、兵庫県の平成28年の生コン需要量は約400万立方メートルだという。大阪でも500万立方メートルだから、相当な増え方といえるそうだ。1立方メートル当たり100円値上がりすると、兵庫県だけで4億円増が見込めるとか。これに大阪地区を含めると、10億円前後の儲けになるわけだから、企業舎弟を通じて生コン業者を仕切るウラ社会の人間たちの懐に入る上納金も、当然、増えるはずだ。

この巨大な利権をにらんで、六代目山口組分裂下のいま、弘道会と山健組が綱引きをしている。

弘道会を追い込む資金源の摘発

ヤミの経済に詳しい経済評論家の推計によると、1年間に使われる性産業の売上高は、ざっと5兆円にもなるそうだ。

そのうち営業許可を取得している業者の売上高は3兆円、許可なしのもぐり業者が2兆円だという。このうち店舗を持たない出張サービス専門の性産業だけで、1兆7000億円もの巨額マネーが動いているそうである。

このデータだけで驚くのは早すぎる。

前出の評論家が東京、名古屋、大阪で営業している性産業の第一線に立つヘルスなどの風俗店店長に直撃インタビューして得たデータがある。

それによると、この数年の性産業の利用客の傾向としては、60代以上のシルバー世代の利用が、すさまじい勢いで増えているという結果が出た。余談になるが、年金受給月（偶数月）の15日以降、70代、80代の客も相当数に上るそうである。

「これだけ利用者の幅が広がっているとは、正直いって思ってもいませんでしたので、まさに驚きです。

性産業界だけは、デフレ経済との相関関係はないのかもしれませんね。これまで性産業全体の売上高を5兆円とはじいてきましたが、かなりオーバーしている可能性が高いですね」と、彼は証言している。

弘道会の城下町である名古屋市を例にとって、これら風俗店を含む飲食産業が支払うミカジメ料の現状を見てみよう。

錦小路に代表される名古屋市の繁華街には約３８００件のバー、クラブ、スナック、そしてピンサロに代表される風俗店が軒を連ねている。

これだけの店舗があるだけに、ここから弘道会に流れ込むミカジメ料（守り料）はかなりのものになる。山口組ウォッチャーが説明する。

「大体、1店舗当たりの守り料は月5万円ですね。もちろん、小さな店はもっと低いですよ。これに加えて、お盆に2万円、お歳暮時には3万円を特別に徴収しているそうです。錦一帯は弘道会が仕切っていますが、彼らと店側の間で守り料にまつわるトラブルは、あまり聞きませんね」と。

この守り料が高いのか安いのか、素人には見当もつかないが、警察沙汰が起きていないところを見ると、業者側もある程度納得してのことなのだろう。

六代目山口組の大黒柱である弘道会の壊滅をはかる警察当局は、「弘道会集中戦略」をまとめた。

その中でまずやり玉にあげたのが、風俗業界を地盤とする出版社「ワークスジャパン」の摘発だった。

同社（現・岡田桂樹代表取締役）は、平成2年6月に設立され、昨年、創業25周年を迎えた。この業界では異例の長寿会社といえる。

業績も順調に伸びている。

平成28年6月期の売上高は121億5700万円だった。いわゆるお金持ち会社なのである。

同社の創業者で会長でもあった野村博之は、三代目弘道会会長の竹内照明若頭補佐と深いつながりがある。山口組ウォッチャーが解説する。

「竹内若頭補佐とワークスジャパンの野村元会長は、ズブズブの関係ですよ。業界内で知らぬ人はいないくらい有名な話です。２人そろって韓国旅行に行ったりね。上納金も半端な額じゃなかったと思いますよ」

平成24年10月4日、大阪府警など21都道府県警の合同捜査本部は、野村と常務の後藤則敬ら5人を会社法違反容疑（会社財産を危うくする罪）で逮捕した。

この事件の摘発に2ケタの警察本部が関与したのは、ワークスジャパンの職域の広さを物語っている。

会社法は、特別の理由がなければ、自社株を取得できないと定めている。

ところが、野村容疑者のワークス社への借金を減らすため、実際には自社株購入のために会社から出た約1億5000万円は、自社株を購入した相手の元役員から野村にわたり、会社にもどっていた。

もっとも、ワークス社は上場企業でもなく、こんな容疑で逮捕されることは滅多にない。しかも、捜査にあたっているのは、大阪府警や愛知県警をはじめとする21都道府県警察本部で編成した合同捜査本部である。通常ではありえないことだ。前出の山口組ウォッチャーの解説を聞こう。

「当局側の狙いは明白ですよ。ワークスジャパンが、弘道会の有力な資金源だから、それを徹底的に壊滅するということですよ……」

そして、こう続ける。

「ワークスジャパンで働いてる若手社員数人に取材したことがあるんですが、待遇がめちゃめちゃに悪い。

平均勤務時間は1日10～11時間で、残業代はゼロですからね。手当を含めて月収は20万円以下だそうです。

こんな待遇だから社員も根付かない。彼らの5年後の定着率は1割以下で、入社3年で30人以上が入れ替わったそうです。ボーナスも出るけど、『寸志程度』といっていた社員の声が強く印象に残っていますね」と。

年間100億円以上の売り上げがありながら働く者を冷遇し、出費は極限まで切りつめる。こうして浮かせたカネが、弘道会へと流れていくのだから、取締り当局でなくとも腹が立つというものだ。

弘道会の企業舎弟で風俗産業を仕切っていた「ブルーグループ」経営者の佐藤義徳が、平成25年1月、暴力団担当の刑事を脅した容疑で愛知県警に逮捕された。

彼は、その2年前の4月には弘道会の竹内照明若頭（当時）とともに詐欺の疑いで逮捕されている。竹内のオンナが住むマンションを借りる際の名義貸しが容疑事実であるが、この一件で佐藤が弘道会の中枢と密接な関係にあることを浮き彫りにした。

捜査当局は、佐藤義徳が、かねてから弘道会の資金源だったとみなしており、同会の金脈を徹底解明する糸口として逮捕に踏み切ったのである。

彼の愛知県警組対部の警部脅迫行為は、悪辣《あくらつ》そのものだった。

「可愛い娘さんが、どうなっても知らないよ」

などといった自宅への脅迫電話は、佐藤の関係者らによって、平成22年7月16日から、事件が明るみに出るまでの間に、5回にわたってかけられていたことがわかっている。この脅迫電話を受けた警部は、佐藤が経営する風俗チェーンと弘道会の関係を調べる捜査班の責任者だった。

当時、佐藤義徳は、名古屋市内に約6億円の土地を購入し、20億円の予算で豪邸を建設する計画を立てていた。

だが、同邸宅に司忍六代目が住むといった噂が飛びかったことで、近隣住民の反対運動が起こり、工事は完成を待たずに頓挫してしまうことになる。山口組ウォッチャーは、次のように語る。

「六代目が住む住宅という情報を流させたのはこの警部だと佐藤は思い込み、恨みをつのらせたと愛知県警ではみてましたね」と。

愛知県警のOB刑事は、次のように証言する。

「佐藤は、探偵を使って弘道会担当刑事の名前や住所、嗜好などを割り出していたんです。これは弘道会が警察官を脅迫する際によく使う手口なんです。ですから、捜査員を調査したり、尾行したりする弘道会の対警察工作における指揮官のひとりが佐藤だった、と愛知県警はみています」

そして、続ける。

「愛知県警が、弘道会弱体化のために力を注いでいたのが、彼らの資金源となっている企業舎弟や共生者を、あぶり出すことだったんです。

弘道会の二大資金源とされるのが風俗業界と建設業界です。その中でも佐藤が経営するブルーグループは、弘道会の有力なシノギのツールですからね。今回の逮捕で愛知県警は、その資金源を完全に断つことを狙っていますよ」と。

弘道会のナンパ系シノギを支える3本目の柱が、情報通信業のドリームキャスト（代表者・生田有吾　資本金300万円）である。同社の事業内容は、風俗情報サイトを含む企業のウェブシステムの企画、設計、開発、運用である。同じような業務内容の子会社バロック・ワークスが東京・品川に設立されたのが平成20年5月である。

福岡県警と愛知県警の合同捜査本部は、平成27年5月12日、ソープ嬢に売春の場所を提供したとして、売春防止法違反の容疑で、ソープランドの実質経営者・生田有吾ら4人を逮捕した。

彼は、風俗情報誌会社を経営するかたわら、全国各地でプライベートにソープランドやデリヘル店を経営していたわけだ。

弘道会の企業舎弟と呼ばれている生田有吾の逮捕容疑を、具体的に説明しよう。

彼が経営する福岡・博多のソープランド「グランド・オペラ」で、同年2月2～27日、ソープ嬢3人が不特定の客を相手に、4回にわたって売春をした際、店の個室を使用させたとしている。

福岡県警によると、生田は、このソープ店の他に愛知県下や東京都など全国各地でデリヘル店を経営しているという。

今回、旗艦店「グランド・オペラ名古屋店」でのソープ嬢の告発があり、売春防止法違反容疑で、店長はじめ5人が逮捕されたが、生田有吾みずからが、グランド・オペラ所属のソープ嬢の口止めに動き、彼女の告発により逮捕されたのである。

生田有吾は、かねてから店をやめたソープ嬢に対して、脅しまがいの電話やメールを何度もしたり、彼女らの親戚にヌード画像を送りつけるなどの脅迫めいた嫌がらせをしていたという噂があった。それが今回の逮捕で実証されたわけである。

また、愛知・中署は、生田有吾が実質的に経営している名古屋市内のデリヘル店の女性従業員に対し、17回も電話やメールをしたり、親族をたずねたりしてしつこく面会を迫ったとして証人威圧の疑いで、生田ら3人を逮捕した。

この女性従業員の所属するデリヘル店の店長らは、同年5月28日に売春防止法違反容疑で逮捕されており、同署は生田らがみずからに有利な証言をしてもらおうと、女性従業員に依頼しようとしていたとみている。山口組ウォッチャーが語る。

「自分の言い分を強要するため、ソープ嬢の親族にヌード写真を送りつけるなんて、極道もとのやりくちだと、捜査員が憤っていましたよ。高額な上納金を出して、弘道会にケツ持ちをしてもらっているせいか、生田有吾は傲慢すぎますよ」と。

上場企業とヤクザマネー

暴力団対策法の改正・施行から9年がたつ。

現在、暴力団は、その姿を大きく変貌させている。覚せい剤の密売や賭博などで得た資金を、新興市場やベンチャー企業への投資に回し、莫大な収益を上げている事実がある。

国策の規制緩和で生まれた新たな市場は、彼らの恰好なシノギの場となり、ヤクザマネーは市場を通すことにより浄化され、膨張して更なる犯罪の資金源となっている。

こうした裏で暗躍しているのが、表向きは暴力団とかかわりのない証券マンくずれや金融ブローカーたちだ。専門知識を持つプロたちが暴力団と手を結び、儲け話を取り仕切っている。

こうした状況に危機感を強める警察当局は白書の中で、「暴力団の市場への介入が経済の根本を侵食しかねない」と警告している。

当局側は、暴力団の資金獲得に協力する〝仕事師〟を「暴力団と共生する者」（共生者）と呼び、その存在を初めて問題視した。

こうした中、今多くのベンチャー企業の経営者が、次々とヤクザマネーに群がっている。資金繰りに困り暴力団の圧倒的な資金力に頼らざるを得ないのだ。

あまり実感はないのだが、いま戦後最長の好景気といわれる日本。その陰でひそかに社会を侵食するヤクザマネーの出所について、古手の山口組ウォッチャーは、次のような見方を示す。

「関東についてはあまり知識はありませんが、関西の極道に限っていえば、ヤクザマネーの出所先は大体見当がつきますね。まず、弘道会、次いで山健組、次が池田組に宅見組というところでしょうかね」と。

これらは極道の世界でも名だたる金持ち組織なのである。

金融ビッグバンによって政府は、株式市場に限りない自由をあたえた。証券会社は免許制から登録制となり、株式や社債などの発行条件がゆるくなって、東証マザーズ、ジャスダックといった新興市場が創設されていった。

自由度が高くなれば、当然、それに反比例するように参入障壁はもちろんのこと、規制やモラルも低くなる。そこに目をつけたのが市場マフィアなどと呼ばれる極道たちだったのである。

そうした中でも弘道会の動きが活発だ。企業舎弟や共生者を使って侵食をはかるのである。

たとえば、東証マザーズ上場第1号となったリキッドオーディオ・ジャパンの元社長が、山口組系の企業舎弟の経営する中古車販売会社に勤務した経歴を持ち、元役員への暴行傷害容疑で逮捕された事件が、極道たちの目の付け所の素早さを示している。

こうした事態を検察、警察の捜査当局と市場の監視役である証券取引等監視委員会などが手をこまねいて見ていたわけではない。警視庁詰めの新聞記者が、次のように語る。

「このところは摘発を活発化させていましたね。丸石自転車、駿河屋、メディアリンクス、大盛工業、ソキアなどといった上場企業を食い物にした闇の勢力を一網打尽にしています。ただ、あとからあとから闇の紳士が登場しています。この方面では弘道会の活動が活発でしてね、彼らの手口は年々巧妙になって、なかなか尻尾をつかませないんだと、警視庁の捜査員はこぼしていましたよ。それが現状ですね」と。

平成19年から警察が総力をあげて、市場に巣食う極道を連続して摘発していくことになる。

前年夏、政府は内閣官房内閣審議官を議長に、「暴力団資金源等総合対策に関するワーキンググチーム」を発足させた。ここに集約された情報をもとに対策を打ち出し、暴力団排除を徹底させる作戦だ。

新興市場に上場していたコンピューター関連機器メーカーのアドテックス社が、そのやり玉に挙がった。資産約6300万円を不正流用した疑いで、警視庁組織犯罪対策3課が、平成19年2月16日、民事再生法違反（詐欺再生）容疑で、弘道会傘下組織の元組長の下村好男元副社長を逮捕した。

平成5年、アドテックス社は、日本ＩＢＭがコンピューター外部記憶装置部門を分離独立させる形で設立された。上場は平成13年で、経営破綻寸前でも100億円以上売り上げ、250名以上の従業員を抱えていた。

同社の転落は、日本IBM元幹部の長谷川房彦元社長の業態転換の失敗があげられよう。また、大胆なリストラを含む事業再生を目指さなければならなかったのに、事業縮小を嫌って、禁断の資金調達といわれるMSCB（修正条項付き転換社債）など、怪しい資金調達に活路を見出そうとしたためである。

株式市場のハイエナと呼ばれる一群のヤミ紳士たちが株式市場には生息している。業績不振の上場企業に入り込み、第三者割当増資、MSCBなどの発行を持ちかけ、株式の有利発行、転換価格の下方修正条項という調達マジックを用いて出資者に確実な儲けを約束する。

こうすることで発行企業には資金が入り、出資者は利益を約束され、仲介業者や証券会社には手数料が入るという建前だが、そんなうまい話があるわけがない。

発行企業は、発行済み株式数を膨大に膨らませて市場から見捨てられる。出資者は証券監視委員会や国税のターゲットとなり、仲介者や証券会社は、モラルなき市場関係者として、取引所や証券監視委員会のブラックリストに載り、捜査当局に目をつけられることになる。また、ここで被害をこうむるのは株式を購入する一般投資家たちである。

アドテックス社の場合は、闇の紳士たちに最悪の形で食いつかれた。禁断の資金調達を繰り返す中で、長谷川元社長は、自分から飛び込むような形で企業舎弟らと付き合うようになり、ついには再建請負人を名乗る前田大作元社長に経営をゆだねることになる。

下村元副社長とともに逮捕された前田元社長は、格闘技雑誌などを発行する日本スポーツ出版の社長をつとめる。その他、資産家向けのプライベートバンキングサービスを手がける怪しい企業グループの幹部でもあり、オモテ社会とウラ社会の仲介人として知られる存在だった。

彼は、弘道会傘下組織の元組長だった企業舎弟の下村好男を副社長に引き入れると、直接調達ではなく、資産の不正流用という形で、会社資産を詐取した。

この前田大作の手口は、会社ゴロと呼ばれるウラ社会の連中が、上場企業を食い物にする際の常套手段で、特段、目新しいものではない。

だが、ゆるやかな上場基準の中で、承認を取りつけて上場を果たし、多彩な調達法を用いて資金を集めるうちに、ヤミ紳士たちにつけ込まれたという点が、現在の株式市場の犯罪の特徴で、今後、警察が総力をあげるのは、ここが弘道会の大きな資金源になっているからである。

警視庁の捜査員が、次のように語る。

「少し前までの暴力団は、息のかかった総会屋を使って上場企業に食い込んだ。しかし、いまは利益供与要求罪など法整備が進んで総会屋は壊滅状態だ。

それに代わって業績不振企業に資金調達を持ちかけて、株価操作と会社乗っ取りの両方で、ひと儲けをたくらむ連中が増えてきた。うまく上場企業を利用すれば、数億から数十億円といった利益が瞬時にあがる。彼らにとって、こんなうまい儲け話はないんだよ」と。

関西を中心に居酒屋を展開する東証マザーズ上場企業のゼクーが、平成17年6月に倒産した。ご多聞にもれず、ここもヤクザマネーを操る闇の紳士たちに食いつぶされたのである。

取引銀行からの借り入れができなくなると、多くの新興企業の経営者は、他の役員や監査役に内緒でヤクザマネーに手を染める。ゼクーが、その好例だ。

ゼクーのカネづまりを知った金融ブローカーの大場武生は、同社に対して融資を申し出た。

山口組ウォッチャーが、次のように解説する。

「この会社は、『とりあえず吾平』の屋号で関西中心に居酒屋を多店舗展開していましてね、結構人気がありましたよ。

大場武生は、弘道会や、山健組といった金持ち組織からカネの運用をまかされている金融プロです。彼は、過去、旧三和銀行雪谷支店不正融資事件や東証2部の大盛工業を舞台にした株価操作事件で逮捕されているしたたか者です。

たとえ相手がどんな男にせよ、金に困っている会社なら融資話に飛びつきますよ。彼は、企業の弱みをよく知っているんです」

ゼクーは大場から融資を受ける際、白紙委任状をわたしした。ワラをもつかむ思いだったのだろう。同社は実質的な経営権を大場に握られてしまった。

こうなるとヤクザマネーを操る大場武生の独壇場である。彼は、第三者割当増資を提案した。

前出の山口組ウォッチャーは語る。

「たしか大場と彼の知人名義で増資をすべて引き受けています。出資額は、私の記憶では3億円だったと思います」

大場武生とその一派は、こうして会社の経営権を完全に握った。

あとはやりたい放題である。

彼らが出資した3億円は、居酒屋の新規出店に使用する計画だったものを、大場が経営する別会社から経営ソフトの購入代金として6300万円を出金させるなど、いろいろな口実をつけて、増資で得た3億円のほとんどを流出させた。前出の山口組ウォッチャーの話によると、流出させたカネのほとんどすべては、第三者割当増資のために使われたヤクザマネーの返金に使用されたという。同ウォッチャーは、いう。

「大場たちは、出資した金の大半を引き揚げる一方で、受け取った大量の株式は売却したんです。大場に資金運用をまかせた極道たちは、タダで得た株式を売り、莫大な利益をあげました。その一方、ゼクーは資金繰りに困り倒産しました。大場たちの増資引き受けが決まった直後、7000円まで値上がりした株価は2円まで下落し、多くの一般投資家は損失をこうむる結果になったのです」

シノギにおける適材適所の人材配置

平成29年4月下旬。

私は、東京・港区内の高級マンションの5階の部屋にいた。16畳ほどのリビングルームの窓から見える有栖川宮記念公園の緑が、まぶしいほど輝いていた。

ここは弘道会傘下組織の組幹部が出資して作られたＦＸ（外国為替証拠金取引）と株式のディーリングルームである。

この部屋には、モニターが2段6面も並んだパソコンが、間隔を広めにあけて4組セットされていた。その前で30代ほどの若者が、真剣な表情でキーボードを懸命にたたいていた。

彼らの素性は千差万別である。

証券会社を退職した者や個人投資家、大学の投資サークルで小遣い稼ぎをしている学生などである。数日前まで主婦もいた。彼らはひとづてに「面白い仕事でギャラもいい」と聞いて集まってきたそうである。

彼らには、極道のシノギを手伝っているといった後ろ暗さはみじんもない。

「よし、いけ、いけ」

とか、

「この厚い売り板は、なんや」

などと、時折、大声が飛ぶ。

自分の思惑と反対の動きを株価ボードが表示するたびに
「あほんだら」

「ばかやろう」

とどなって、足元のごみ入れを蹴飛ばす。実に屈託がないのである。

彼らの収入は成績に応じてということのようだが、実際に受け取っている月収は「3ケタを超える」（学生の話）こともあるというから、かなり有利なサイド・ビジネスといえるだろう。

さて、多画面モニターのセットの話にもどろう。

FX（外国為替証拠金取引）や株式のデイトレーディングをするのには、どうしても、このくらいの多画面モニターが必要なのだそうである。

デイトレをする投資家で、ローソク足チャートだけを見て、注文を出している人はいない。成約前の売り注文、買い注文を一覧した気配値（通称　板）を見て注文を出すのが普通だ。1円、2円の値動きで利益を得ようとするデイトレの場合、ローソク足チャートと一緒に「板」、外国為替、そして政治や経済のナマ情報を逃がさないために、ロイターやブルームバーグのニュースなども、常に表示しておかなければならない。したがって、どうしても複数のモニターが必要になってくるのだそうである。

このディーリングルームの責任者は、弘道会の共生者といわれている外国投資銀行出身のG

である。

　彼は、債券、株式投資の腕を買われて20余年も前に、仕手集団・誠備グループの加藤晃（故人）の傘下に入り、おもに彼が親しくしていた五代目山口組の宅見勝若頭の資金を動かしていたことで名を知られるようになる。山口組ウォッチャーが証言する。

「宅見若頭身辺には、見学和雄とか中江滋樹、池田保次といった強引な取引手口で、相場を押し上げる仕手筋がいましたが、一番宅見さんを儲けさせたのがGだといわれていますね。彼は、情報の収集力と分析力が抜群で、〝地獄耳のG〟と呼ばれていたくらいの人物ですよ」と。

　余談になるが、宅見若頭の資金を動かしていたコスモリサーチの見学和雄は、山口組系組員に殺害され、京都・南山城村のゴルフ場造成地で、コンクリート詰めにされた遺体で発見されている。また、同じように宅見若頭の資金運用を担当していた投資顧問のコスモポリタンの池田保次は、行方不明のままである。彼らに共通するのは、終盤にきて莫大な損失を宅見若頭に負わせてしまったといわれている。

　平成9年に宅見若頭が中野会によって暗殺された後、Gは縁があって弘道会に身を置くようになるのである。一説によると、髙山清司若頭に懇請されたためと伝えられている。

　最初に彼にあった時、私は、「どうして東京に出てきたのか」と、たずねたことがある。Gは、少し恥じらいを浮かべた表情で、こんな風な答え方をした。

「名古屋にはシガーを吸える店がなくてねぇ」と。

彼は、紙巻きたばこサイズの葉巻であるキューバ産のモンテクリスト・ミニシガリロ50ｓの愛好者なのだ。１本６５００円もする超高級葉巻である。

平成29年４月21日、東京株式市場が開く10分ほど前のことである。

「面白いことが起きるから、ちょっとモニターを見ててごらん」

アパレルメーカー「レナウン」株の板がすさまじいことになっていた。山のような買い注文が、これでもかこれでもかという調子で続くのである。

「低価格ブランドの投入を発表したせいさ」と、Ｇはこともなげにいう。

彼は、同社株を１ヵ月以上前からコツコツと下値で買い集めていた。

５万株、10万株と買い進めると、わずかでも株価は上昇する。それを見た一般投資家が、この動きに便乗しようと買いに加わってくる。

こんなタイミングを見てＧは､手持ち株を少しづつ放出する。彼らの隠語でいうところの〝冷やし玉〟だ。相場を冷やすという意味である。

当然、下げ歩調と判断した一般投資家が、これまでとは違って手持ち株を売り出してくる。当然のように株価は下がりはじめる。焦りを感じた投資家が、さらに売りに回ってくる。株価が下げトレンドとなる。

こうした状況をつくってからＧは、おもむろに買いに入ってくるのだ。こんな手口を何度か繰り返しながら、株価を底値近くで張り付かせる。この巧妙な手口によって、Ｇらのレナウン株平均取得価格は１００円余におさめることができたのである。

同日午前9時、取引が開始された。

実際の取引はモニターの前に陣取る4人の若者にまかせ、Ｇはトレーディングルームに接する8畳の居間のソファで、シガリロをくゆらせていた。葉巻の香りが部屋いっぱいに充満した。

レナウンの株価は、１週間前の4月13日は１０６円だった。しかし、この日は、１日で46％も暴騰した。３日後の同24日には２０７円の年初来高値をつけた。最安値から約2倍の株価である。

この間にＧたちは、手持ち株をきれいさっぱりと売り抜けたのである。

レナウン株の投資額が3億円弱だったというから、Ｇらは、投資額とほぼトントンの金額を、わずか１ヵ月ほどの間に稼ぎ出した計算になる。

「私が何もいわなくても、彼らが存分に働いてくれるから組の人たちに恥をかかないですむ」

Ｇは、そんな言い方をした。

彼は、弘道会が集めてくるインサイダー情報の中から、これはと思う情報を選び出し、モニターに向かっている若者に、当該会社の株取引を指示するのが役目だという。

買いから入る場合もあれば、カラ売りから入る場合もあるが、その選択は彼が指示するのではなく、若者たちが自己判断で決めるのだという。

こうはいっても、すべてを人任せにしているわけではない。

彼の情報解析力は、グンを抜く。

たとえば、突然、モニターに米国の財務長官の「現在の円安は行き過ぎであり、米国政府としても、日本当局の懸念を共有している」といったコメントが出たとする。

これをGはすぐさま〔米国財務省が日米の協調介入に関して、前向きに検討し始めた〕と解釈し、誰よりも早くFX担当者にドル売りを指示する。このGの判断を受けて株式のディーリングを担当する若者は、円高を前提にした株取引を開始するわけだ。このGの見立てが外れたことは、まずないという。

FX取引には、レバレッジというシステムがある。最大で自分の資金（保証金）の25倍まで運用できる仕組みである。したがって、儲けも大きくなるが、また、損失額も巨大化する。若者たちが熱狂する理由がここにある。

このディーリングルームが、1日に動かす資金量は5億円前後といわれている。

若者たちは、毎日がエキサイティングだと話す。

弘道会の錬金術に手を貸しているといった負い目など、さらさら感じていない。それは、これまでに体験したことのないような巨大なマネーを動かせるうえ、インサイダー情報を駆使できる快感があるからである。

1日にひとりで数千万円単位の稼ぎをすることもめずらしくないそうだ。

弘道会と同じ名古屋に拠点を持っている山健組傘下組織のT幹部は、次のように証言する。

「株式投資は、彼らのシノギの大きな柱の1本です。月々1億円以上のあがりがあると噂されています。あそこだけが、ブクブクと太っている。分裂この方、警察の規制が厳しくて、わしらはピイピイしとるけどな」と。

「現在でも髙山若頭は、Gを高く買っている」と語るのは年配の山口組ウォッチャーである。

「弘道会は、直参から末端の組織まで、所属する組員の名前、住所、家族構成、ヤクザ入りする前の職業、特技などを届けさせて、それをデータ・ベース化しています。

収監前の髙山若頭は、このリストを見てシノギに向いている人物をピックアップし、オモテの組員からウラの組員へ移動させているといわれていましたね。形のうえで除籍にして、組員の特技に合ったシノギに専念させるわけですよ。だから、あそこの経済基盤は強くなるんですよ。

で、以前、その除籍にした組員を教育してくれとGは、かなりのギャラで依頼されたそうですが、彼は断ったという話がありましたね。髙山若頭が、Gの手腕を高く評価している証でしょう」と。

これが六代目山口組の中でも弘道会が、突出した戦力を保持する源泉である。

終章

任侠山口組誕生の全内幕

カネにまつわる醜聞

「本日を持ちまして『任侠団体　山口組』を結成いたします。代表、織田絆誠。不肖、私、本部長を預かります池田幸治です。

一昨年8月27日、神戸山口組の大義に感銘を受け、我々は日本全国でその大義を信じて汗を流させていただきましたが、残念ながら大義とは名ばかりの、一部の上層部の恨みつらみの私利私欲であったという事実を目の当たりにしてしまいました。

『本来の山口組に戻すため、そして我々年寄りはどうなってもいいんだ』と、『若い者の将来のために立ち上がるのでついてきてほしい』という言葉に感動し、この1年数ヵ月、我々なりに頑張って参りましたが、残念の極みであります。

任侠団体山口組は、神戸山口組が実行しなかった大義を本日より実行し、なおかつ、山口組中興の祖である三代目・田岡一雄親分の意に沿う親睦団体にしてまいります。

山口組綱領にある『国家社会の興隆に貢献せんことを期す』を第一に、任侠の原点に返り、日々精進したく存じます……」（配布された発表文より。組の名称は当時）

兵庫県尼崎市内にある古川組本部事務所内で、平成29年4月30日、「任侠団体山口組」の結成式が行われた。その後に多数の新聞記者、雑誌記者らを集めて新組織結成会見が開かれた。山口組の再分裂が決定的となった瞬間である。

この新組織の旗揚げから3ヵ月余り後の平成29年8月9日付で、任侠団体山口組は、組の名称を「任侠山口組」に改めることを、傘下の各組織や関係筋に通達した。

その理由について、この呼び名が短期間で広く世間に浸透したことをあげている。そのうえで同組が、「暴力団ではなく、任侠団体であるとの趣旨を発信するという第一段階の目的を達成した」ことを機に、改称に踏み切ったとの内容が記されている。

この決定を受けて本稿では、文中で引用する発表文、新聞、雑誌記事を除いて、文章のゴタゴタとした印象や煩わしさを避けるために、新組織名に統一して報告する。

冒頭で紹介した池田幸治本部長（四代目真鍋組組長）の発表文を続ける。

「まず、名古屋方式を否定して立ち上がった神戸山口組であります。その名古屋方式の悪政は大きく分けると、第一に『金銭の吸い上げ』、第二に『当代の出身母体の贔屓《ひいき》』、第三に『当代が進言諫言《しんげんかんげん》を一切聞かない』。

これでは山口組が自滅の道をたどると、立ち上がったにもかかわらず、神戸山口組の現実は名古屋方式にも劣る悪政でした。

その悪政の中で、4名の大御所の方々が心折れながらも、分裂によって若い者を巻き込んだ責任から、結成1年後、昨年8月に3つの改革案を進言諫言したところ、これは当代の言葉です。『あれもこれも言うなら、組長は降りる。頭、組長を代わってくれ』と理解しがたい耳を疑う暴言でした。

先ほど申し上げた恨みつらみの話をさせてもらいます。

皆さん、記憶に残っていますよね。

昨年9月の新神戸駅の思い出すだけでも恥ずかしいサイン騒動。

一家の若頭たる寺岡会長にも知らせず、入江副組長、池田舎弟頭にも知らせず、山健組の織田副組長、伏見若頭、生島舎弟頭、與本部長にも知らせず、中田若頭代行のみを呼び、指令指示し、あの恥ずかしい騒動が起こったわけであります。仮に分裂が10年間の恨みつらみを晴らすことが目的であるとするならば、サイン騒動は正解でしょう。

しかし、山口組を正すため、若い者の将来のために立ち上がったと公言するならば、サイン騒動は絶対にあってはならんことなのです……」

重大な発表をする緊張のせいなのか、池田本部長の顔は紅潮し、書面を読みあげる声がかすれていた。彼の言葉を続ける
「いつの日か、二つの山口組を1つにして若い者の将来のために山口組を正すという大きな目標を、井上組長みずから潰してしまったのです。我々を含め大義を信じて頑張ってきた大勢の者が目標を失い、目の前が真っ暗になり絶望した瞬間でした。

先ほどの改革案3つのうちの1つに、当時の織田若頭代行の山健組との兼任を外すという話が入っておりました。

昨年8月の時点で、大御所4名の方々に山健組から籍を外し、神戸山口組に専念するように

要望され、うちの代表は明確に承諾したにもかかわらず、ハッキリと決められずに、今日に至っているわけです。

それともうひとつ。織田代表という人物は、山健組の跡目がどうこうよりも、苦しんでる山健組組員たちをどう救うか、全国の神戸山口組一門の者をどう導くかを一番に考える男なのです。

ここで、任俠団体山口組について少しお話しさせていただきます。

本来、我々の業界では盃を重んじ、忠誠を誓うというのが本筋ですが、その盃の意味を崩壊させ、あわせて絶縁・破門状の重みも崩壊させたのが、神戸山口組であります。この現状の中で、我々は盃よりも精神的な同士の絆に重きを置き、あえて盃事は一切執り行いません。

また、組長はあえて空席とし、代表制という形をとりましたが、我々は当然のごとく、組長には織田代表がなるものと思い、皆で再三お願いに上がりましたが、代表のたっての強い意志のもと、固辞され、承諾は得られず、組長は空席となりました。

『従来のようなあり方では、この新しい船が意図する本来の趣旨に反するのではないか』と代表に問われ、我々の業界では下の若い者が上を支えるのが当然とされてきましたが、任俠団体山口組では皆が平等でともに支えあい、助けあえるような組織づくりをしたいと切に願われ、やむなく、このような形をとることとなりましたことを報告させていただきます。

人事、詳細については後日、あらためて発表させていただきます。ちなみに、神戸山口組の一部の者が、織田は人事に不満をもって出るだろうとか、金銭絡みがどうこうという雑誌やネットを使う印象操作、捏造をしてくれていますが、真実は今、お話しさせて頂いたとおりです。真の山口組、神戸山口組の大義をウソで終わらせず、誠にするため、立ち上がったのです。真の山口組、真の任侠団体をつくり上げるためであることをお伝えしておきます」

発表文を読み終えると池田本部長は、ふうーっと大きく息を吐いた。

その瞬間、池田本部長ら任侠山口組の幹部の前に陣取る新聞、雑誌記者たちの間から、大きなどよめきがわきあがった。

池田本部長が語った決意表明で強調されたのは、中堅・若手が、神戸山口組の〝悪政〟に立ち上がったということだ。つまり、これは政変であり、クーデターといっても過言ではないだろう。それほど過激な内容であったと思う。

さらに驚かされたのは「組長空席」や「盃事を行わない」ことだ。極道社会では異例な組織形態だといえる。山口組ウォッチャーがいう。

「新しく誕生した任侠山口組は、上下関係ではなく、横の連携で組織を運営していくということなのでしょう」

この後、織田絆誠代表が退席後に続いた会見では、悪政の数々が報告された。

まず、山健組幹部だった久保真一本部長補佐（山健同志会会長）から「金銭の吸い上げ」例として、山健組の会費徴収の厳しさが、次のように語られている。

「名古屋方式の上を行くようなお金の吸い上げを続けている」と。

この名古屋方式という言葉が会見では繰り返し使われた。久保本部長補佐は臨時徴収が年8回もあるうえ、登録組員1人当たり1万円を収めさせられることに触れ、六代目山口組以上の悪政であると説明した。

さらに山健組若頭補佐だった三代目竹内組の金澤成樹本部長補佐（山健連合会会長）が、平成29年1月にあった藤森吉晴山健組若頭補佐の自殺は、経済的に行きづまってのものと説明。そのうえで死後、遺族に対して山健組から目にあまる仕打ちがあったことを兄弟分のT（実名で発言　筆者注）から聞いたと、次のように告発した。

「私はTに『藤森補佐が亡くなった時、本部から香典が出たか』と聞いたんです。『出てない』といってました。『自殺なら出ない』と。それが山健の実情です。

Tに聞いた話では、昨年（平成28年）10月に亡くなった和歌山の紀州連合のM（実名で発言　筆者注）の時も香典を家族に渡してない。葬儀が終わって会計報告をした時、（井上）親分は『Mの嫁はMが懲役に行っているときに籍を抜いている。嫁の評判もええことない。そんな嫁にカネを渡したら飲み食いして、子供のためにカネを使わんのとちゃうんか』といいだした。

我々3人は親分の部屋を出て、いったん、若頭の部屋にもどった。その時、中田広志若頭代行が、『親分があいっていたので、渡し方を考えるので、いったん、残りのお金は預かっておきます』といったので、私は香典の残金、約２００万円ほどを中田若頭代行に渡したんですが、その後、それを遺族に渡してやるようなことはなかったです」と。

また、山﨑博司本部長補佐（三代目古川組組長）からは、「出身母体の贔屓」の実例があげられた。山口組ウォッチャーが解説する。

「会見の内容は山健組への批判に終始したという印象が強いですね。織田代表が退出した後の会見だったので、彼の発言はなかったが、あれほど山健組のために汗をかいた親分がなぜ離脱、という感想ですね」

神戸山口組から離脱する人数は明らかにされなかったが、集まっている記者たちの間では、この時点では30人ほどといった情報が交わされていた。

この再分裂の予兆は3日前に始まっていた。

4月28日夕刻、四代目山健組内では、すでに不穏な話が飛びかっていたのである。

たとえば、「織田副組長のところの部屋住みの若衆が荷物をまとめて、山健組本部から出ていった」とか、「織田一門の人間が、携帯電話を切って連絡が取れない」などといったものである。

〝織田一門〟という言葉の意味は、山健組傘下組織の名称ではない。はっきりとした派閥というものでもなく、周囲から織田若頭代行と近しい関係とみられる山健組直参やその組員たちを指している。

今年に入ってからというもの、神戸山口組からの第3勢力誕生、再分裂の噂は絶えなかった。そうした噂の中には織田若頭代行が組織を離脱するという内容まで含まれていた。だが、「一門と連絡が取れない」という具体的、かつ緊急性のある情報は今回が初めてだった。

そして、同日夜になると、情報はさらに具体性を帯びてくる。

「織田若頭代行が中心となって新組織が結成されるらしい」

あるいは、

「メンバーは大阪を本拠とする組長たちで占められ、山健組から数十人、神戸山口組からは5、6人の直参が行動を共にする」

というものだった。

一夜明けた同月29日午前、山健組関連施設で神戸山口組の緊急執行部会が開かれた。この執行部会への出欠で神戸山口組からの離脱者が判明するとみられたため、早朝から兵庫県警と大阪府警の捜査員や報道陣がつめかけた。山口組ウォッチャーが、いう。

「執行部の半数以上の姿が確認できなかった。えらいこっちゃと思いましたね。噂では離脱しようとした最高幹部の説得に行ったとか、引退を表明した直参を翻意させに、などといわれていました」と。

実際に水面下では引き抜き工作が行われていたようだ。関西テレビが5月1日にスクープ映像として報じた内容によれば、この執行部会当日に、織田若頭代行と太田守正舎弟頭補佐が大阪・生野区内で密会している。

神戸山口組の緊急執行部会が行われた後の同日午後3時から同じ場所で、山健組の組長会が開かれた。同日夜に入ると、山健組直参32人の無断欠席が判明した。直参の約3分の1が組織離脱の意向を示していたことになる。

山健組執行部では、この日から10日間の猶予を設け、その間にもどってくる者は処分しない方針を決めた。その締め切り日にあたる5月1日までに、直系組長会を無断欠席した若中2人が山健組にもどり、これで離脱者は30人となった。

冒頭で報告した池田幸治本部長の結成会見での談話の中に、神戸山口組の一部の者が「(織田代表の) 金銭がらみがどうこうという……」という言葉があるので、これについて触れておこう。

織田絆誠代表のカネにまつわる醜聞を書いた怪文書が極道社会に流れた。これを読んだ古参の山口組ウォッチャーが、次のように語る。

「織田代表は、弘道会のヒットマンに射殺された池田組の高木昇若頭から、生前、弘道会攻撃の軍資金名目で数千万円を引っ張り、そのカネで競売にかかっている自宅を買いもどしたうえ、改装までした、というものです」

彼の話は、続く。

「高木昇若頭死亡後の平成28年6月、彼は池田組長から高木若頭の報復名目で1億円を引っ張ったと、その怪文書には書かれていましたよ」と。

織田絆誠代表には、弘道会を攻撃しようとする動きは、まったく見られなかった。そこでし

びれを切らせた池田組長は、織田代表を池田組事務所に呼び出した。（同怪文書内容の概略）
「織田代表は資金が足りないといって、さらに３０００万円を引き出したと怪文書は書いています」（前出の山口組ウォッチャーの話）
「平成28年冬、再度、池田組長は織田代表を呼び出すと、『おまえの肚が見えた。井上親分に報告する』と一喝した。すると『わしの首をはねたいんですか』と、織田代表は居直った」（怪文書の内容概略）
池田組長は、神戸山口組のことを考え、いったんは肚におさめた。
しかし、時間がたつほどに怒りが蒸し返し、翌29年1月に井上組長にすべてを報告したと、怪文書は書く。
池田組長からの報告を受けた井上組長は、織田代表を呼び出した。
「彼は大激怒した。そして、今年（平成29年）4月に山健組の次期若頭を中田に決めた。織田代表は離脱を決意した」と怪文書にはある。
この怪文書の内容が、どこまで真実であるのかは、分明でない。

常識にとらわれない組織形態

再分裂の衝撃が冷めやらぬ5月8日、神戸山口組の定例会が兵庫県淡路市の神戸山口組本部で開かれた。本部前では当局側の厳戒態勢が敷かれた。

同日午前10時45分頃、正木年男総本部長（正木組組長）と剣政和若頭補佐（二代目黒誠会会長）が、そろって到着したのに続いて、各直参が集結する。

同日午後12時半頃に井上邦雄組長（四代目山健組組長）が清崎達也幹部（四代目大門会会長）を従えて本部入りした。井上組長をガードする車両が1台増えており、再分裂の影響が見てとれた。

その直後から始まった定例会では異例の展開を見せた。山口組ウォッチャーが証言する。

「冒頭、井上組長が全直参に向かって再分裂を詫びたんですよ、『不徳の致すところがあった』とね。再分裂の責任を痛感しているといった趣旨の発言もありました」と。

別の山口組ウォッチャーは、次のように話す。

「井上組長の挨拶の趣旨は、一から出直すつもりで自分も精進するから皆もその気持ちで頑張ってほしいと、あらためて団結を訴えるものでしたよ。彼の発言の中で何より大事なことは、離脱者への軽挙妄動《けいきょもうどう》を慎むようにとの抗争禁止を伝えたことだと、私は受け止めましたけどね。無用な犠牲者を生むことは本意ではないわけですからね」と。

定例会後に通常どおり若頭会が開かれた。

これまでの若頭会に出席していたのは離脱した任侠山口組の織田絆誠代表と池田幸治本部長、そして残留した剣若頭補佐だった。前出の山口組ウォッチャーが説明する。

「今回は正木年男総本部長と剣政和若頭補佐が出席し、直系組織の若頭たちを前に深々と頭を下げて、離脱者を出したことを詫びてましたよ。そして、私がなによりもビーンときたのは、『我々の敵はあくまでも名古屋です』と、何度も弘道会を名指しして団結を訴えたことですよ」と。

山健組では同日までに織田絆誠若頭代行を含め、彼と行動を共にした大下秀夫（元・相談役）、金澤成樹（元・若頭補佐）、久保真一（元・幹部）、田中勝彦（元・幹部）の5人を絶縁処分にした。さらに翌9日に開かれた定例会で大島毅士（元・若中）の絶縁が決まった。残りの24名の直参たちは破門処分だった。

約40分に及んだ定例会では、多くのメッセージが発信された。山口組ウォッチャーが、次のように説明する。

「冒頭に井上組長の言葉があり、神戸山口組定例会での発言と同様の内容が直参たちに伝えられましたね。また、最高幹部たちから織田代表らを私利私欲に走ったと断罪する発言もありました」と。

四代目山健組で大きな人事が発表された。

中田広志若頭代行が若頭に昇格したのである。彼は、現在、五代目健竜会会長でもある。

「山健組の二代目組長以降は、代々、健竜会会長が当代についているから、当然、中田若頭もその第1候補とみられていましたね」

と、前出の山口組ウォッチャーは、いう。

彼は、渡辺芳則五代目がひきいた初代健竜会傘下で頭角をあらわし、渡辺五代目の運転手をつとめたこともあるという。この時から山健組の保守本流を歩むことを約束されていたのだろう。

神戸山口組側から任侠山口組への鉄槌は続く。

織田代表と池田本部長への絶縁を示す書状が関係先に送付された。

また、神戸山口組側に二代目が、任侠山口組側に三代目が併存する事態に陥った古川組では、二代目の古川恵一組長の署名押印がある「御通知」という書状を関係筋に配布した。古川組長が三代目に跡目を譲ったおぼえはなく、現在も引退していない旨が記されていた。三代目古川組を正面から否定する内容だった。

このように「神戸」と「任侠山口組」の両山口組の亀裂は深まっている。井上組長が抗争禁止を訴えたが、偶発的な衝突が起きてしまった。5月6日未明に神戸市中央区で起きた任侠山口組系組員襲撃事件も、そのひとつだろう。

同日午前3時半頃、神戸市中央区の路上で、任侠山口組系の組員が、何者かに襲撃される事件が発生したのである。

この組員は、2台の車両を止めて、その場に仲間と数人で警備についていた。付近には織田代表の本家があり、そこを警護していたのである。

そんなところに数台の車両が突然現れ、警戒についていた任侠山口組系の組員は車両ごと取り囲まれてしまった。このため任侠山口組側の組員は車両を降り、

「どこの者か」

と、一喝した。

その瞬間、囲んでいた10数人の男たちが、いきなり枝切りバサミや鉄パイプなどの凶器で殴りかかってきたのだ。

彼は、殴る蹴るの暴行を受け、頭蓋骨陥没骨折の重傷を負った。

通報を受けて警官が駆けつけた時には、すでに襲撃犯は逃走した後だった。

被害者の組員は仲間に支えられて病院に向かった。

兵庫県警は神戸山口組の犯行との疑いを強めている。

同事件は急転した。

5月31日、四代目山健組の山之内健三若頭補佐（誠竜会会長）、橋本憲一若頭補佐（橋本会会長）、池田真吾幹部（池田会会長）、筆頭若中の小林会・小林茂会長の4名が兵庫県警生田署に出頭。傷害容疑で逮捕されたのである。

この暴行事件の少し前にも神戸山口組側と任侠山口組の間でトラブルが起きている。

4月30日午前零時50分頃、神戸山口組の與則和本部長は、のちに任侠山口組に加入する山健組の牟田秀次郎幹部と居酒屋で鉢合わせをした。山口組ウォッチャーが解説する。

「そこで井上組長の統率力をめぐって、2人は口論を始めるんです。それで終わればよかったんだが、どちらかともなく『外へ出ろ』となって、路上で殴り合いを始めてしまうんです。任侠山口組の結成式前夜の出来事ですから，ケンカの背景には再分裂問題があったのは間違いないでしょうね」

兵庫県警は、山健組最高幹部がひきいる傘下組織本部にガサ入れを行った。また、同日、山健組の與則和本部長が暴行容疑で逮捕された。

5月18日の夜には、神戸市三宮付近の路上で、数十人の男たちによるにらみ見合いが起きた。現場周辺で警備についていた警官の介入で大事には至らなかったが、兵庫県警によると、神戸山口組系と任侠山口組系組員たちだったとみられている。

神戸山口組との軋轢が強まる一方の任侠山口組だが、その組織力を整備、強化させている。6月28日時点の役員及び直参たちを紹介しておこう。

代表　織田絆誠
本部長　池田幸治　四代目真鍋組
本部長
補佐　山﨑博司　古川組
同　久保真一　山健同志会

同　大谷榮伸　京滋連合
同　金澤成樹　山健連合会
同　植木　亨　二代目植木会
相談役　大下秀夫　秀誠会
同　土倉太郎　土倉組
舎弟　石澤重長　石澤組
同　樺山典正　樺山総業
同　北村隆治　北村連合
同　木村政明　三代目臥龍会
同　田中　守　田中興業
同　花田哲雄　三代目東海連合
同　牧野元義　牧野興業
直参　芥川貴光　二代目平山組
同　浅野敏春　浅野会
同　新井孝寿　雅新会　情報戦略局長
同　安藤廣幸　絆神会　警護隊長補佐
同　壱岐国博　壱誠会　警備隊長補佐

同　伊庭元治　絆勇会
同　上杉正義　誠連合
同　大島毅士　三代目絆連合　国防副隊長
同　岡林篤志　絆粋会　国防隊長
同　加藤直樹　三代目北竜会
同　金山健一　三代目矢倉会
同　加茂輝幸　輝侠会　治安維持副隊長
同　川中健史　三代目川中組　国防隊長補佐
同　川村悟郎　二代目太成会
同　紀嶋一志　二代目織田興業　組織統括
同　小島大享　小嶋会　警備副隊長
同　権藤　聡　三代目鈴秀組　渉外要員
同　冴木勇二　勇俠会
同　坂本正次　杉秀会　治安維持隊長
同　佐藤栄城　二代目柏田組　治安維持隊長補佐
同　柴田眞治　絆侠連合
同　武田信夫　三代目鶴城組

同　田中勝彦　泉州連合会　慶弔統括
同　夏木政雄　誠義会　警護隊
同　西川純史　三代目絆連合　渉外委員
同　林　隆生　四代目本江組
同　張本　勝　張本組
同　阪東　浩　三代目北村組　渉外委員
同　日高竜志　二代目姫野組　渉外委員
同　福井誠則　薩州連合会
同　福原　恵　極誠会　警備隊長
同　前田貴光　二代目志闘会　警護副隊長
同　松下　愼　六代目紀州連合会
同　松谷雅史　二代目大下会
同　松山政信　二代目勢道会　事務局長
同　宮下　聡　四代目竹内組
同　牟田秀次郎　牟田会　警護隊長
同　鈴木頼一　健國同志会
同　西村羊次　二代目是木会

従来の極道組織は絶対的な上下関係で成り立っているが、任侠山口組は、「皆が平等で、ともに支えあい、助けあえるような組織」（発表文の一部）を目指している。それゆえに、組織図においても序列というものが存在しない。本部長補佐までが執行部で、舎弟・直参の間には、いわゆる座布団順というものがない。

こうした極道社会の常識にとらわれない形態は、直参が担う役割の中にも散見される。たとえば、「国防隊」や「治安維持隊」などは、既存の極道組織には存在しない。古参の山口組ウォッチャーが、次のように解説する。

「たとえば治安維持隊ですが、極道ならではの方法で、半グレ者の指導や不良外国人たちを取り締まる役目があります。また、ウラ社会特有のアンテナを駆使して、テロ対策を行うというのが国防隊の活動ですよ。これらは織田代表の〝反社組織〟の汚名返上という理想を具現化したものだと思いますね」と。

理想に向けての勢力拡大

任侠山口組は勢力拡大の動きを見せている。

京都に大量の組員を動員し、六代目山口組系組織を自陣に引き入れたのである。

衝撃の結成会見から1週間後の5月7日、任侠山口組（織田絆誠代表）が京都に進出した。

兵庫県日向市に本拠を置く六代目山口組淡海一家（髙山誠賢総長）傘下組織が新たに加入したのである。

淡海一家の髙山総長は、平成15年、初代弘道会（司忍会長）に加入した。その後、彼は、六代目山口組の若頭にのぼりつめた髙山清司がひきいる二代目弘道会の舎弟頭補佐に昇格した。髙山清司若頭の側近の1人なのである。

髙山誠賢総長は、平成21年12月、京都府警から恐喝容疑で指名手配され、翌22年4月に逮捕された。六代目山口組直参に昇格して1年後のことである。

彼の逮捕容疑は、髙山清司若頭と共謀し、平成17年7月から翌18年12月にかけて京都市内の建設会社経営者の上田藤兵衛を恐喝したというものだ。

その手口は悪質極まりないものだった。

淡海一家の髙山総長は配下に命じて上田を呼び出し、京都市内のホテルの客室に監禁するなど3回にわたって脅し続けた。

そのうえで「今後、山口組が全面的に面倒を見ることになった。そのお代をもってきてほしい。カネは名古屋に届ける」と脅し、上田から合計4000万円余をカツアゲしたというものだ。現在、この恐喝事件で髙山若頭と髙山総長は収監されている。

任侠山口組が、弘道会シンパである淡海一家の大幹部を引き抜いたことは、織田絆誠代表の理想を実現させる第一歩となったはずである。

同日午前、池田幸治本部長（四代目真鍋組組長）ら30人以上の任侠山口組系組員が、直参のしるしであるプラチナバッジを授けるべく大挙して押し寄せたのである。

新加入した親分は、このたび組織名を「京滋連合」と改めた大谷榮伸会長である。

その京滋連合本部事務所付近には、正午前から屈強な組員たち10数人が、周囲に厳しい視線を走らせていた。その中には元四代目山健組直参の姿もあり、任侠山口組系組員であることは明白だった。古参の山口組ウォッチャーが、次のように語る。

「今回、初めて六代目側の組織からの移籍ということで、警戒を厳重にしてたんだと思いますよ。大義を実行しているというアピールにもなるしね」

そして、こう続ける。

「二つの大きな船は、これからじわり、じわりと沈んでいくことは間違いない。だから、大きな船のすぐ横に、若手と中堅を中心とした救命ボートを置くことによって、この二つの船から乗り移ってもらう、と織田代表は、折に触れて語っています。今回、それを実行したということでしょうね」

六代目山口組と神戸山口組を大きな船にたとえ、中堅・若手が主導権をにぎる自分たちの組織を救命ボートと表現する。近い将来、ひとつの山口組に統合するという理想の第一歩を、いま、実行に移したわけだ。

同日午後12時25分、池田本部長が大勢の組員を引き連れて姿を現した。その中には山﨑博司本部長補佐（三代目古川組組長）と山健組幹部だった久保真一本部長補佐ら執行部メンバーの姿もあった。

池田本部長らは京滋連合の本部内に入り、室内でひかえている大谷会長に持参したプラチナバッジを手渡した。

その後、本部事務所前に姿を現した大谷会長の襟元には、執行部メンバーであることを示すチェーン付きのプラチナバッジが輝いていた。任侠山口組のスカウトが成功したのである。

彼は本部長補佐の要職に就いた。

大谷本部長補佐は訪れた組員らと握手を交わし、結束を確認しあった。

執行部の一員として迎え入れられた大谷本部長補佐について、前出の山口組ウォッチャーは、次のように解説する。

「渡世歴の長い極道ですよ。淡海一家の前には山健組傘下の健竜会や会津小鉄会などにも所属していたことがあるそうですよ。何度も命を狙われていて、頭を1回、胸を2回拳銃で撃たれて死線をさまよったことがあるんです。そんな極道歴から〝不死身の大谷〟と呼ばれていて、京都では知られた極道です」

抗争の経験が豊富で死線を何度も乗り越えてきた武闘派組長を迎え入れた任侠山口組は、今回の移籍劇で六代目山口組や神戸山口組関係者に、勢力拡大を強烈に印象づけたといえるだろう。

結成から矢継ぎ早に組織陣容を固める任侠山口組は、水面下でもう一件、リクルート活動を展開していると、極道社会でささやかれている。前出の山口組ウォッチャーが、次のように明かす。

「移籍してくれれば執行部入り間違いなしと見られている大物ですよ。噂では三代目琉真会の仲村石松会長だといわれています」

田岡三代目時代に山口組が沖縄に進出した際、琉真会初代会長が古川組舎弟となって発足した。その後、同会は、地元勢力と激しい抗争を繰り広げた。昭和56年にこの抗争は和解が成立し、それを機に山口組は沖縄から撤退した。

その武闘派集団・琉真会の三代目が仲村石松会長で、三代目古川組組長もつとめている。前出の山口組ウォッチャーが、次のように語る。

「仲村会長の移籍話が確定しない理由として、彼の健康状態悪化とか、懲役刑が科せられる可能性の高い裁判を抱えていることが原因だと噂されていますね。いずれにしても移籍の可否が決まるまで、もうちょっと時間がかかるでしょう」

前掲した任侠山口組の組織図にある直参の所属組織名に「山健同志会」とか「山健連合会」といった聞きなれない組織名が出てくる。これらは任侠山口組に加入した元山健組直参らで結成されたものである。前出の山口組ウォッチャーが解説する。

「山健同志会も山健連合会も、従来の極道組織の直系団体とは、ちょっと毛色が違い、傘下組長には任侠山口組直参が多数いて、旧山健勢の親睦団体と見るべきかと思いますね」

さらに、東北地方でも旧山健勢の結集情報が飛びかっている。前出の山口組ウォッチャーは、こう話す。

「5月9日付で『奥州同志会』が結成されたと聞いています。宮城県を活動地域とする山健組を離脱した元竹内組や元邦道連合などのメンバーを中心に構成された連合体で、理事長が選出されているそうです。『山健連合会』会長でもある金澤本部長補佐の直属の組織でしてね、任侠山口組の直系というものではないそうです」

この山口組ウォッチャーによると、金澤本部長補佐は、四代目山健組時代から織田絆誠代表の右腕として知られた存在だったそうである。

ところで、直参の組織名に「絆」とか「誠」といった文字を使用している組織が多数見受けられる。直参たちがひきいる組織の名称に変更があったせいである。そのあたりの事情について、前出の山口組ウォッチャーは、次のように解説する。

「組織名に『邦』の文字を使用していた6団体が、軒並み名称を変更していますよ。この『邦』という文字は、神戸山口組の井上邦雄組長の名前の一字であり、親分に対する忠誠の表れでした。

あの結成会見であれだけ井上組長の批判を大々的に展開したのですから、任侠山口組から井上組長の痕跡を抹消し、もはや忠誠心は一片もないという決別宣言を示したのだろうと思いますね」

その代わりとして「絆」や「誠」の文字を組織名称に使用している傘下組織が目立つ。これは織田代表の名前の一文字でもあるが、この場合は、忠誠をつくす意味合いの他に〝精神的な同士の絆〟の表現と、とらえた方が正鵠を射ているように思える。

山口組の再統一と脱反社の革命

任侠山口組の結成会見で池田幸治本部長が述べたように、この新組織は従来の極道組織とは異なる特徴を持っている。

①組長はあえて空席
②盃事は執り行わない
③皆が平等で、ともに支え合い、助けあう組織

この3点だけでも、極道社会に大きな波紋を呼んでいる。

それは山口組再分裂時よりも衝撃的だった。

任侠山口組の組織形態に対し、他組織関係者の間では、その東西に関係なく圧倒的に否定的な意見が多いそうである。

「織田代表という1人のリーダーを全員が慕っているさまは、昭和30年代の愚連隊を彷彿とさ

せますね。

関西地方でいえば、柳川グループから柳川組に衣替えする前後ですね。当時は、柳川次郎という男に惚れ込んで集まってきた若者ばかりでしたからね。その頃は、親分子分ではなく、兄・弟分の関係でした」（古参の山口組ウォッチャーの話）

そして、続ける。

「盃がないから絶縁や破門もできないでしょうね。統率が取れない組織はもろい。長くはもたないんじゃないか、とみる業界人が多いですね」

たしかに、愚連隊の隆盛期間は10年とは続かなかったが、それ自体はさして重要なことではない気がする。前出の山口組ウォッチャーは、次のように語る。

「皆が平等という組織にしたのは、暴対法からの指定を逃れる方便という側面があるような気がしますね。こういう組織形態は、今後も出てくるんじゃないでしょうか」

そして、

「極道たちは高齢化しています。末端組織にいっても60代、70代は、少しも珍しいことじゃありませんからね。

直参になると、組長が70歳でも若い、若いといわれる時代なんですよ。これじゃあ、上がつまってて若手はなかなか希望が持てません……」

極道社会でも高齢化があたりまえの時代になっているのだ。

たしかに、こんなご時世では、若者が絶望的な気分になるのもわかる気がする。前出の山口組ウォッチャーの解説を続ける。

「希望が持てない。そのうえ、シノギは減っても会費は減らない。こうした閉塞状態の中で、自分たちが描く理想の実現を、熱っぽく語る気鋭のリーダーが現れたら、誰だって心酔してしまいますよ。あの一時代を築いた由緒ある山健組から、多くの直参が抜けていったのも、そんな理由からだと思いますけどね」

織田絆誠代表は、旧態依然とした極道社会から若者たちを解放しようとしているのではないだろうか。平成29年5月22日発行の日刊ゲンダイ紙の中で織田代表は、次のように語っている。

「各団体とも上層部のための集金システムが、がんになっています。中堅、若手は毎月の会費、つまり上納金に苦しみ抜いている。（中略）私は指定22団体の上層部を全部敵に回してでも、このシステムをぶち壊しにかかります。いわば業界革命です」と。

前出の山口組ウォッチャーは、いう。

「直参の月会費を減らし、金銭面や身体面の義務から解放して、極道が精神的余裕を持てるようにするのが狙いだと、織田代表は語っています。

彼が掲げた方針は、いわば極道社会の民主化革命ですよ。極道受難の時代に極道らしく生きていくための方策なんです。私は、そう理解していますね」

山口組の再統一について、織田絆誠代表は、週刊ＦＬＡＳＨ誌（平成29年6月6日号）の中で熱っぽく語っているので、少し長くなるが抜粋引用させていただく。

「六代目側から出た神戸側だったのに、その内実は六代目側と同じだった。表向き上納金は安くなったといわれていましたが、実態としてはそうではなかった。

また、井上組長が組長を兼務する山健組への贔屓、さらに進言諫言を聞かない。これはおかしい、矛盾だらけじゃないですかと。全国の同志たちからも、不平が噴出した。矛盾に気がついてしまったのです」

さらに、彼の語りは続く。

「『この（六代目側との）抗争には大義がない。私利私欲じゃないか』という声が結成後わずか半年足らずで出始めました。それに対して私は、『もう少し辛抱してくれ』と、言い含めてきた。これは早く再統一しないと神戸側が沈んでしまうという危機感が、日増しに強まっていきました。

私は『遅くとも（２０１６）年内、もしくは（２０１７年の）年明けに終わらす』と、同志たちを励ましてきた。それは神戸側の重鎮から、六代目側が『司組長が神戸をもどらせたいと望んでいる』との感触を聞いていたからです。

我々が襟を正し、六代目側も襟を正す。身贔屓のない公平な山口組なら、二つは一つになれたものと、今でも確信しております」と。

神戸山口組が割れた原因は、リーダーに適確性が欠けていたからなのか。同誌による織田代表の言葉を伝える。

「（六代目側から分裂した）この1年8ヵ月、特に2016年9月5日のサイン騒動以降、真剣に思い悩み、なぜかを問う連続でした。なぜこうなるのか、自分なりに考えた結論として、てっぺん（組長）に座ることを目的とすると、座った途端に人は変わってしまうと。

てっぺんに座るまでは皆いい人です。身銭も惜しまず使うし、進言諫言も聞く。すごく物分かりがいい。でも、そこがゴールだとほっとするのでしょう。本来組長になることは、大きな責任から、そこをスタートにしなければいけない。そう捉えることができる人がてっぺんに座るべきです（中略）。

若手の皆さんにどんどん（我々の救命ボートに）乗り込んでもらい、我々第3極がいちばん大きくなり、ほかの二つが少なくなれば、最終的に一つに統一される。もちろん今でも、私たち任侠団体山口組の『志』に共鳴してもらえるならば、六代目側とでも神戸側とでも、すぐにでも統一したいと考えております」

織田絆誠代表は、同誌の記事の中で、「あるべきヤクザの姿をぜひ取りもどしたい」とも語っている。

彼の話を続ける。

「現在は、もうヤクザが稼げる時代じゃない。（中略）（だから）下のものから金を吸い上げるのではない。むしろ逆に上に立つものは、富を分配する覚悟が必要です」

そして、

「バブル期以降、我々ヤクザ社会は拝金主義で、諸外国の犯罪集団と同じレベルまで自らを落としてしまった。そこが、我々が反社（反社会的集団）と言われる所以です。銀行の通帳は持てない、家も借りられない、車も買えない。本来、ヤクザはそういうものではなかった。だから我々は、『脱反社』の目標を掲げ、そこに挑もうと思っています。脱反社の柱としては三代目田岡一雄組長が定めた『山口組綱領』がある。（中略）それを体現するために、行動を起こそうと思い立った（後略）」

この織田発言について、古参の山口組ウォッチャーは、次のような見解を示す。

「脱反社のための足がかりとして、社会貢献活動を行うことをあげています。その第1は、国内にいる不良外国人の取り締まり、半グレ者を指導していくための治安維持活動です。第2はテロ対策や海外での邦人警護を請け負う民間国防隊構想です。治安維持隊や国防隊は、この活動に関わってくると見られていますね。

たしかに突飛な発想だったため、業界からは本気度を疑ったり、戸惑いの声があがっています」

だが、別の山口組ウォッチャーは、こんな見方をする。

「ヤクザは地域住民の安全を守る町火消に起源を持ちます。義理人情の精神を重んじる伝統を受け継いでいるんです。

山口組の田岡三代目も体を張って神戸の街や住民の安全を守り抜いていた。

終戦直後、在日朝鮮人や台湾人が戦勝国民と称して暴力行為に走り、多くの日本人を苦しめてきた。当時、占領軍下にあった警察は無力化している状態でした。そこで田岡三代目は不良外国人が根城にする闇市に乗り込んで戦い続けたそうです。

京都では、不良外国人からの報復を恐れた警察当局が、会津小鉄会の図越利一親分に助けを求めた事例があります。東京でも安藤組をひきいる安藤昇組長が自警団をひきいて闇市を牛耳る第三国人と死闘を繰り広げてきた歴史があります。

このようにヤクザ社会には義侠心から地域を守ってきたという自負みたいなものがあるのも事実なんです」と。

任侠山口組系列の各組織事務所には、田岡三代目の写真と山口組綱領が掲げられている。その綱領の一節「侠道精神に則り国家社会の興隆に貢献せんことを期す」を、織田絆誠らは現代社会の中で実践するその答えが、「治安維持活動」や「民間国防隊構想」なのだろう。前出の山口組ウォッチャーが、次のように語る。

「国内での治安維持は、田岡イズムの継承といえるでしょうね。だが、邦人警護のため海外にも拠点を構えようという考え方は、これまでの極道にはない発想ですね」

新生・任侠山口組は、織田絆誠代表が企図する社会貢献と彼のリーダーシップで、極道たちに貼られた反社会的勢力のレッテルをはがそうとする。その〝革命〟が成功した暁には、心から喝采を送りたいと思う。

混乱の中で強靭さを増す弘道会

「神戸山口組」と「任侠山口組」との対立に世間の耳目《じもく》が集まる中、日本警察のトップが対立抗争の〝主犯〟は六代目山口組の中核組織である三代目弘道会だと指弾した。

警察庁の坂口正芳長官は、平成29年5月15日、視察に訪れた愛知県警で暴力団担当捜査員210人を前にして、次のように訓示した。

「神戸山口組との対立が原因とみられる事件は減少しているが、最近、神戸山口組の傘下組織に新たな動きがみられるなど、情勢は複雑化、流動化している」とし、次のように強い言葉で檄を飛ばした。

「弘道会が対立抗争の中心的な役割を担っていることは明らかで、愛知県警が先頭に立ち、弱体化を図ってほしい。対立抗争の早期制圧を図るためにも、弘道会を強力な取り締まりによって、孤立化、弱体化させることが不可欠だ」と。

平成22年に当時の安藤隆春長官が愛知県警に「弘道会特別対策室」を設置してから、警察トップが何度か弘道会を名指ししている。

しかし、今回は再分裂直後である。

神戸山口組と任侠山口組との対立に注目が集まるタイミングで、弘道会への壊滅宣言ともとれる発言の意味するところは、一体、何なのか。古参の山口組ウォッチャーが、次のように解説する。

「当局側は、再分裂の原因を四代目山健組の内紛に起因しているとみています。そして、六代目山口組で起きた最初の分裂は、それぞれの中核組織である三代目弘道会と山健組の対立という構図を、当局は描いています。

対立する一方の中核組織の団結に、ほころびが見える中で三代目弘道会は、揺るぎない結束を保っており、その1人勝ちを警察当局は恐れているのだと思いますね」と。

坂口長官の号令は、兵庫県警を即座に動かした。

同日、六代目山口組の総本部を、機動隊を含む兵庫県警の捜査員70人が急襲したのである。再分裂後初となる総本部へのガサ入れだった。

これは5月10日に江口健治若頭補佐（二代目健心会会長）と朋友会の高島伸佳会長ら6人を電磁的公正証書原本不実記録、同使用容疑で逮捕した関連捜査だった。

坂口長官に抗争の主犯扱いされた三代目弘道会は、発言の3日前に定例会を開いていた。前出の山口組ウォッチャーが、次のように証言する。

「この定例会では再分裂に触れることはありませんでしたね。その後の傘下組織への伝達の中には、任侠山口組結成に六代目山口組、とくに三代目弘道会が関与したかのような噂が出ているが事実ではない、という趣旨の説明がありましたよ。業界内に『竹内若頭補佐と織田代表が面談した』という情報も飛んでいて、一時は当局も確認に動いただけに、完全否定したかったんだと思いますね」

さらに、当局の壊滅宣言を見越したかのような長期戦略も示されたという。前出の山口組ウォッチャーが語る。

「六代目側の分裂以降、抗争状態の長期化が見込まれており、経済力が組織の命運を分けることはいうまでもないということです。再分裂に揺れる神戸側を尻目に、さらなる団結と経済力強化を図っていくことで組織力を高め、当局の弾圧に対抗していこうという内容だったと聞いていますよ」と。

試練を迎えるたびに強靭さを増す三代目弘道会と、組長の長期不在が懸念される神戸山口組や当局側を向こうに回した任侠山口組は、どのような戦略で活路を切り開いていくのだろうか。織田絆誠代表の手腕が注目される。

三つ巴の行く末

三つの山口組と二つの会津小鉄会を一網打尽にする予兆は、すでにあった。

平成29年6月5日、警察庁の坂口正芳長官は、全国警察本部長会議で、「三つの山口組の組員を大量検挙する」、「突き上げ捜査の徹底による幹部の長期的社会不在」そして「組織の壊滅」を宣言したのである。この時点までに警察庁上層部と京都府警、兵庫県警の間で、井上邦雄神戸山口組組長逮捕を突破口にして5団体を一網打尽にする方針が確認されていたのである。

そして、その日がやってきた。

同月13日、任侠山口組執行部の一角を担う本部長補佐のポストにある久保真一（山健同志会）と直参の加茂輝幸（輝侠会）、権藤聡（三代目鈴秀組）の3人が、京都の会津小鉄会騒動に巻き込まれ、傷害と暴力行為等処罰法違反容疑で逮捕された。

久保本部長補佐ら3人が逮捕された事件は、同年1月11日未明に起きた。

現場となったのは、京都市下京区にある六代目会津小鉄会本部。そこに数十人の男たちが乗り込み、本部内にいた同会の原田昇若頭派の組員を蹴散らして同本部を奪還したのである。山口組ウォッチャーの話を紹介する。

「乗り込んだのは神戸山口組の中核をなす四代目山健組の組員を中心としたメンバーでした。前日、会津小鉄会本部に六代目山口組の大黒柱である三代目弘道会幹部らが訪れ、馬場美次会長（当時）に厳しく引退を迫ったんですね。その直後に原田昇若頭（当時）に当代の座を譲るという書状が22の関係先に送られていました。つまり、山健組の組員らが乗り込んだ際には、原田若頭派の組員だけでした」

会津小鉄会では次代の座をめぐって内紛が起きていたのである。

この後、同会の分裂は表面化する。

馬場総裁・金子利典会長の七代目会津小鉄会が盃儀式を挙行、神戸山口組と親戚関係を結んだ。一方、原田昇会長の七代目会津小鉄会も、六代目山口組の竹内若頭補佐を後見人として盃儀式を行った。これで、二つの七代目会津小鉄会が京都に並立する不可解な事態となったのである。

同月14日、5月に引退し、詐欺罪で服役中の七代目会津小鉄会・馬場元総裁、さらに金子会長がひきいる別の七代目会津小鉄会・足立貴宏若頭代行が同容疑で府警に逮捕された。前出の山口組ウォッチャーが、次のように解説する。

「井上組長の関与は現時点では明らかでありませんが、大物極道を長期不在に追い込むという府警の姿勢は変わっていませんよ」

ここから警察庁長官のヨミ通りに事態が進展する。

同月16日午前、携帯電話契約の名義をめぐる詐欺容疑で、神戸山口組の井上邦雄組長は兵庫県警に逮捕され、葺合署に留置されていた。同日、処分保留で釈放となった井上組長を同署玄関口で待っていたのは京都府警の捜査員だった。彼は、その場で傷害と暴力行為等処罰法違反の容疑で逮捕され、京都府警・下京署に移送された。

社会不在が長引けば、神戸山口組の弱体化につながる可能性もある。前出の山口組ウォッチャーが証言する。

「山口組が三つに割れている状態で、互いに弱点を知り抜いていることを府警は利用しようとするでしょうね」

井上組長に容疑がかけられた事件は、前述した会津小鉄会本部の騒乱である。同組長逮捕の経緯を古参の山口組ウォッチャーが、次のように説明する。

「京都府警は、押収した馬場会長らの携帯電話の通話履歴から、井上組長と馬場会長が乱闘前に連絡を取り合い、救援を求められた同組長が配下を派遣した疑いが強まったとして逮捕に踏み切ったわけです」

この井上組長逮捕直後から、にわかに府警の捜査が進展し始めた。

6月21日早朝、京都府警組織犯罪対策2課と下京署は、京都、大阪、岐阜県下に数十人規模の捜査員をそれぞれ送り込んだ。

京都市伏見区の心誠会本部で七代目会津小鉄会・原田昇会長を逮捕。同市内で会津小鉄会最高幹部だった吉川栄大元組長を捕らえた。

さらに、六代目山口組の直参である三代目司興業の森健司組長を大阪市内で逮捕した。また、岐阜に向かった捜査員たちは、竹内照明六代目山口組若頭補佐がひきいる三代目弘道会の野内正博若頭補佐の身柄を押さえた。

この4人の逮捕容疑は、有印私文書偽造・同行使である。

会津小鉄会本部から関係22団体にＦＡＸした馬場美次会長から原田昇会長に跡目を譲るとい

う内容の文書を偽造し、使用した容疑である。４人が共謀して偽造した疑いがもたれているのである。

同月22日、京都府警は、四代目山健組の中田広志若頭を傷害と暴力行為等処罰法違反で指名手配した。７月10日、同府警は中田を潜伏先の大阪市内で逮捕した。井上組長に代わって山健組運営の中心となる中田若頭も社会不在にして、弱体化を目指す京都府警の意図があからさまに表れている。

ところで、任侠山口組にとって久保本部長補佐と権藤聡組員、加茂輝幸組員の逮捕は実に痛い。前出の山口組ウォッチャーが解説する。

「久保本部長補佐は執行部を担う男ですからね。設立間もない任侠山口組にとっては、猫の手も借りたいほど仕事が山積しています。そんな時に社会不在となってしまうんですからね。当面は残っている執行部のメンバーでやりくりするんでしょうけど、これからが大変だろうなぁ」

織田絆誠代表は、反社批判からの脱出を行動理念に掲げている。その具体策のひとつが「民間軍事会社（ＰＭＣ）設立プラン」である。

さて、織田代表には、ＰＭＣ設立の具体的なプランがあるという。

彼から同プランを聞いたという古参の山口組ウォッチャーは、次のように説明する。

「すでに米国や欧州には、民間軍事会社があるんだそうです。これら外国のケースでは内戦や局地戦に傭兵《ようへい》を送り込む場合がほとんどなのだそうです。だけど、織田代表が考えているのは、これとはちょっと肌合いが違うようです」

彼の説明を続ける。

「我々ヤクザは米国に入国できないので、東南アジアに支店をつくり、その支店と我々が個々に契約を結ぶ。邦人警護の依頼を受け、我々が派遣されるようにするんだと、かなり具体的な話をしてましたよ」

昨年（平成28年）から織田代表は、右翼活動家や元自衛官らと、積極的に面談を重ねてきたそうである。前出のウォッチャーの話を続ける。

「元仏軍の日本人傭兵とも会ったといってました。彼らに自分の考えを説明すると、ほぼ全員が共鳴してくれたそうです。任侠山口組と一緒に行動したいとの意思表示をいただいているともいってましたね」

織田絆誠代表が描く民間国防隊構想の共鳴者あるいは支持者はかなりいると、彼は感触を得たようである。前出の山口組ウォッチャーの話を続ける。

「織田代表が何度もいっていたのは、『終戦後、田岡三代目は治安維持に貢献してきた。それを現代に置き換えて何をすべきかを、ずっと考えてきた』ということです。ストイックな彼の熱情みたいなものが、ビンビンと伝わってきましたね」と。

ただ、こうした社会貢献は、初めから組員全員で動くのではなく、スタート時は組員全体の1割程度の志願者が参加してくれればＯＫと考えているそうだ。

この古参山口組ウォッチャーの話にもあるように、織田代表は、昨年からＰＭＣに関心を持つ各界の人物と数多く面談を重ねてきた。その接点をセットしてきたのが、今回の会津小鉄会騒動で逮捕された任侠山口組の渉外委員をつとめる権藤聡だといわれている。前出の山口組ウォッチャーが、いう。

「彼は、かなり交渉力のある直参組員のようですよ。ＰＭＣがらみで面談をセットした実力を買われて渉外委員に抜擢されたのかもしれませんね。それだけに彼の逮捕は織田代表の理念実現に大いなるマイナスですね」

もう１人の直参である加茂輝幸は、四代目山健組時代から、織田代表の側近として行動をともにしてきており、彼の信頼が厚い男なのだという。

平成29年７月４日、会津小鉄会をめぐる騒動で京都府警に逮捕された任侠山口組の久保真一本部長補佐、直参の加茂輝幸と権藤聡ら３人は、処分保留で釈放された。

古参の山口組ウォッチャーによると、〝男前の極道として、男の道を生きる〟そんな組員をつくっていきたいとも、織田絆誠は語っていたそうである。

彼の見る夢の続きが楽しみである。

あとがき

平成29年6月13日午前、警視庁組対4課と6つの署からなる共同捜査本部は、都内にある六代目山口組系の拠点を次々と急襲した。藤井英治若頭補佐がひきいる五代目國粹会傘下の十四代目生井一家の本部、そして生井一家の若衆部屋などの関係先に踏み込んだ。

恐喝容疑で逮捕したのは國粹会若頭補佐である生井一家の梅木康明総長と組員ら7人。逮捕容疑は同21年頃からの4年間に、東京・銀座で露天商や高級クラブなどから月2万円〜5万円、盆と暮れの特別徴収を含め、計341万円のミカジメ料（守り料）を脅し取ったというものだ。

警視庁詰め新聞記者が解説する。

「警視庁では昨年末から内偵捜査を開始し、銀座でのミカジメ料の実態解明を進めてきました。月々の徴収に加えて、客引き1人当たりプラス5000〜1万円、客の車を預かるポーター、さらには路上の花売りまで、ありとあらゆる銀座の人々から守り料を徴収していたことが判明したのです。國粹会は、同21年から今年にかけて、少なくとも約40店から計約5000万円を取り立て、他にも被害にあった店を合わせ、総額1億円を超える可能性があると警視庁では指摘しています」

ミカジメ料徴収は、古典的というほど古くからあるヤクザのシノギだ。夜の街で起きたトラブル処理を地元のヤクザに依頼するという仕組みだが、生井一家は、江戸時代から続く組織として古くから銀座周辺を縄張りとしてきた。

このシノギは、早くから規制の対象であった。

平成4年施行の暴対法によって、守り料を要求すれば中止命令が出され、それにそむけば逮捕されることもある。さらに、同23年施行の暴排条例は、ヤクザとの交際そのものを禁じており、これを支払う側もリスクを負うことになる。

その成果なのか、ミカジメ料要求に対する中止命令を発した件数は年々減少していると警視庁はいう。それでも一斉摘発に乗り出した理由は何か。前出の新聞記者が次のように説明する。

「どんなに規制をかけても、ミカジメ料は繁華街の因習として根づいており、ヤクザの有力な資金源になっていると警視庁は見ているのです。銀座という象徴的な場所で彼らを摘発することで、事件が大きく報じられる結果、全国的に因襲が壊れていく効果を狙っているのです。

今回の摘発対象が、日本最大のヤクザ組織である六代目山口組の直参ということも、重視したのではないかと思いますね」

ミカジメ料をめぐっては、裁判で六代目山口組トップの責任が認められたばかりだ。

名古屋市内の元クラブ経営者が、六代目山口組の傘下組織に12年間にわたって支払ったミカジメ料の返還を求めた訴訟である。同29年3月に名古屋地裁は、司六代目の使用者責任を認め、傘下組織組長と連帯して、計1878万円を支払うことを命じた。古参の山口組ウォッチャーがいう。

「この判決が異例だったのは民法上の使用者責任が認められたことですね。暴対法の使用者責任よりも認定要件が厳しいとされていて、極道組織トップに認めたのは史上初です。銀座の一件でも、六代目山口組の司組長の責任を問う訴訟が提起される可能性は大いにありますね。神戸山口組で再分裂が起きており、当局としても六代目山口組に一人勝ちさせるわけにはいかないでしょう。

また、抗争状態の長期化で死生を分けるのは資金力です。そこで当局は資金源封鎖に動いているのだと思いますね」

警視庁は銀座に続く第2弾を行う予定で、鋭意、内偵捜査を進めているそうだ。資金源をめぐる当局と三つの山口組の攻防は、これから佳境に入る。

ここでいくつかお断りをしておきたい。拙稿は読みやすさを優先させるためノンフィクション・ノベルの手法を採用した。したがって、本文中の会話体などは関係者の証言と資料に基づいて私が創作した。登場人物の一部をイニシャル表記など匿名にした。予期せぬことが起こらぬとも限らないからである。本書に登場する団体名の名称および人物の肩書は原則として取材当時のものとした。敬称は略させていただいた。文章の煩雑さを避けるためで、他意はない。

使用させていただいた主要文献等は以下のとおりである。なお、文中で表記した資料名は割愛した。「鎮魂　さらば、愛しの山口組」（宝島社刊　盛力健児）、「山口組分裂抗争の全内幕」（宝島社刊　伊藤博敏ら五著者）、「弘道会の野望」（メディアックス　木村勝美）、「週刊東洋経済」（通巻6674号）、「月刊ベルダ」（通巻264号）、「週刊アサヒ芸能」（通巻3513〜3527号、3528〜3577号、3580〜3600号）。上記二書の著者と雑誌の編集関係者に深く感謝を申しあげたい。

木村勝美

かや書房の書籍

アメリカの敗北と中国の野望、そして日本の生きる道

米中「二大帝国」の戦争はもう始まっている

トランプと習近平が
世界覇権をめぐり激突!
アメリカは「ロシア疑惑」と
「株式会社USA倒産」で混乱する一方、
中国は「一帯一路」と「AIIB」で
勢力圏拡大をはかる。
緊迫する北朝鮮と南シナ海、
「ドルVS人民元」の熾烈な対立、
パワーバランスの激変が
「二大帝国」の戦争を生む。
二大国の狭間で生きる日本は
史上最悪の戦禍に
巻き込まれる。

●定価:本体1700円+税

◉著者
米経済誌『フォーブス』元アジア太平洋支局長
ベンジャミン・フルフォード

◉第1章　「アメリカ崩壊」の現実と中華帝国の野望
――最強国家アメリカがなぜ、中国に勝てないのか?
◉第2章　トランプVS習近平　米中戦争「激突のシナリオ」
――世界覇権をめぐる二大帝国の戦争
◉第3章　トランプ大統領誕生と「世界の黒幕」の権力闘争
――混迷を極めるアメリカの「闇の勢力図」
◉第4章　欧州、中東、アジアで高まる「動乱の危機」
――大激動する世界の政治と経済
◉第5章　安倍政権を操るフィクサーと狙われる日本の財産
――私たちが選ぶべき「日本の生きる道」

トランプVS習近平、「米中戦争」が
ついに勃発!
世界最大の危機から日本を守れ

全国書店にて好評発売中!!

かや書房　TEL.03-5225-3732
〒162-0805　東京都新宿区矢来町113 神楽坂升本ビル3F

米中「二大帝国」の戦争はもう始まっている【コンテンツ】

第１章
◆深刻な年金危機にみる「アメリカ崩壊」の現実
◆株価の「史上最高値」にだまされるな！
◆プエルトリコ破綻でアメリカ倒産もカウントダウン
◆ハワイがアメリカから独立する日
◆カリフォルニアが離脱？ 全米各州の独立運動が加速
◆米中「全面戦争」が起きれば、アメリカが敗北する
◆日本がアメリカに負けたように、アメリカが中国に負ける
◆世界は中国に付いていく―「一帯一路」「AIIB」の大中華構想
◆「最大の貿易相手国」最多はアメリカではなく中国

第２章
◆「勝てる中国」はなぜ、アメリカと戦争をしないのか？
◆白人至上主義者は有色人種の世界支配を許さない
◆第三次世界大戦は「欧米連合 VS 中国連合」の最終兵器合戦
◆トランプ政権軍事路線の象徴「狂犬マティス」とは
◆トランプが欲しがった「アムウェイの妻」の軍事人脈
◆水面下で勃発した米中「貿易戦争」
◆ドルという「紙くず」で金融覇権を握ったアメリカ
◆失墜するドルと躍進する人民元
◆トランプが「パリ協定」を離脱した本当の理由
◆「米国債最大保有国」中国が持つアメリカの生殺与奪権

第３章
◆大株主ハザールマフィアが支配する「株式会社アメリカ」
◆ザッカーバーグとヒラリーはＤ・ロックフェラーの孫と隠し子
◆ヒラリー周辺の「怪死事件」とウィキリークス
◆金銭スキャンダルまみれの慈善団体「クリントン財団」
◆「地球温暖化」というデマで稼ぐ環境ビジネス
◆第三次世界大戦を画策するナチス・アメリカ
◆「ロシアゲート」で再燃する「トランプ VS ヒラリー」
◆習近平に甘くなったトランプ豹変の裏に「中国マネー」
◆「少女レイプと少女殺害」で脅迫されるトランプ
◆ビル・ゲイツの恐るべき「人類削減計画」

第４章
◆トランプとメルケルの衝突で「米独の離婚」が決定
◆「ドイツの傀儡」マクロン大統領の「トランプ素通り事件」
◆イギリス離脱と独立運動で解体されるEU
◆英総選挙で躍進した「反ハザールマフィア」のカリスマ
◆「ソ連崩壊」のプロセスを再現する「EU 崩壊」
◆トランプ初外遊「一神教ツアー」の真の狙い
◆メラニア夫人がサウジで頭を隠さなかった理由
◆米ロによって三つに分断されるアラブ世界
◆眠れる大国インドが目を覚ます日
◆プーチンが握る「世界覇権のキャスティングボート」

第５章
◆与謝野馨は「病死」ではなく「暗殺」された
◆アベノミクスが収奪する日本人の資産「2000 兆円」
◆「安倍おろし」を画策した「森友学園問題」の仕掛け人
◆「次の総理は俺だ」と吹聴する小沢一郎
◆華僑に見限られた「蓮舫」の今後
◆「ポスト安倍」に麻生副総理を担ぎ出すロスチャイルド
◆「北朝鮮とアメリカの対立」は日本と韓国への脅し
◆「日本列島焦土化部隊」10 万人が日本各地に潜伏
◆和平交渉の成立で世界の平和は極東から訪れる 他多数

菱の崩壊　六代目山口組分裂の病理と任侠山口組の革命

2017年9月30日　第一刷発行

著　者　木村勝美

装　丁　柿木貴光

発行人　飯嶋章浩

発行所　株式会社かや書房
〒162-0805
東京都新宿区矢来町113　神楽坂升本ビル3F
電 話　03(5225)3732（営業部）
FAX　03(5225)3748

印刷所　株式会社シナノパブリッシングプレス

落丁・乱丁本はお取替えいたします。

ISBN978-4-906124-79-4 C0036